가죽지갑부터 가죽가방까지

지퍼로 만드는 가죽공예

JN434589

ㅁㅅㄴ

INTRODUCTION
서 문

지퍼로 만드는 가죽공예

이 책의 테마는, 제목 그대로 '지퍼를 사용한 가죽공예'입니다.

지퍼는 옷과 가방 등 몸에 착용하는 아이템 어디서나 쓰이면서도 평소에 존재감을 드러내지 않지만 굉장히 매력적인 존재입니다.
천과 금속장식, 플라스틱으로 만든 간단한 구조로 누구도 간단하고 빠르고 정확하게 여닫을 수 있습니다. 게다가 천과 가죽에 바느질만 하면 이어붙일 수 있습니다. 마법과도 같은 아이템이 아닐까요?

지퍼는 놀라울 만큼 많은 응용 방법이 있습니다. 사이즈, 형태, 기능, 디자인, 소재 등. 사용방법을 잘 파악하면 작품의 수준을 높일 수 있습니다. 지퍼 사용법을 모른다면 그만큼 손해보는 것이지요.

이 책은, 지퍼의 기본부터 시작해서 지퍼를 효과적으로 사용한 유니크한 가죽공예 제품 7 종류를 소개합니다. 다양한 상황에서 활용할 수 있는 아이디어와 테크닉을 매 페이지마다 넣어놓았습니다. 지퍼의 특징이나 사용법을 알면 알수록 여러분도 아이디어가 샘솟을 것입니다.

깊고 깊은 지퍼 가죽공예의 세계로, 들어가 볼까요?

CONTENTS
차 례

표지·작품 촬영 : 가지와라 다카시(Studio Kazy Photography)

L자 지퍼 [미니 지갑]

깔끔한 디자인에 수납도 충분한 다용도 미니 지갑

캐쥬얼하게 쓰이고 기능성도 좋은 L자 지퍼지갑은 스테디한 인기아이템이다. 이 책에서는 본체와 동전 포켓을 크게 여닫는 옆판을 만들고 안감에 카드포켓을 달아 수납력을 높였다. 컴팩트한 지갑이지만 사용하기도 좋게 어레인지하는 방법을 소개한다. 걸고 다닐 수 있도록 D링을 달았다.

제작순서 P.30 / 패턴 P.179

슬릿 지퍼 [쿠션 커버]

가죽의 부드러운 촉감을 쿠션에 활용

정사각형 파츠 2장의 사방을 꿰매어 봉투로 만들었다. 포인트는 쿠션을 꺼내는 입구 지퍼를 다는 순서. 바느질이 많지만 간단하게 만들 수 있다. 사이즈를 변형해서 여러 개 만들 수도 있다.

부드러운 감촉이 좋은 엘크스킨이나 누벅 가죽으로 만드는 것을 추천한다.

제작순서 P.52

크로스 지퍼 [필통]

대롱 모양 케이스에 붙이는 지퍼는 위에 붙일까? 옆판에 붙일까? 둘 다일까?

형태는 스탠다드한 드럼형 필통이지만, 가로 지퍼, 세로 지퍼를 둘다 달아놓은 유니크한 작품. 둘 중 하나만 달아도 된다. 옆판의 고리도 포인트.

제작순서 P.62 / 패턴 부록 삽지

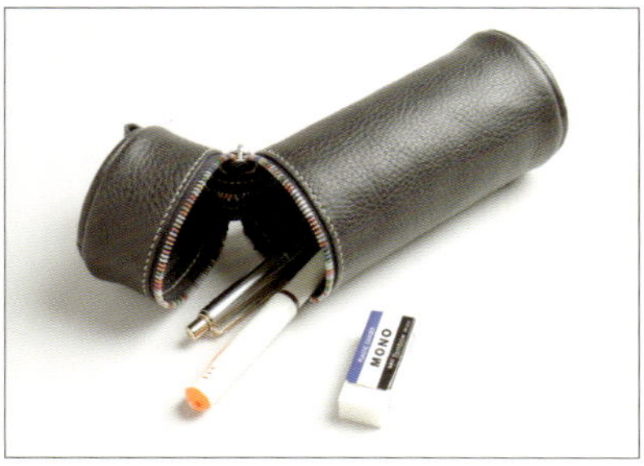

트리플 지퍼 [토트 백]

디테일하고 정확하게 만들어야 하는 지퍼 3개 달린 토트 백

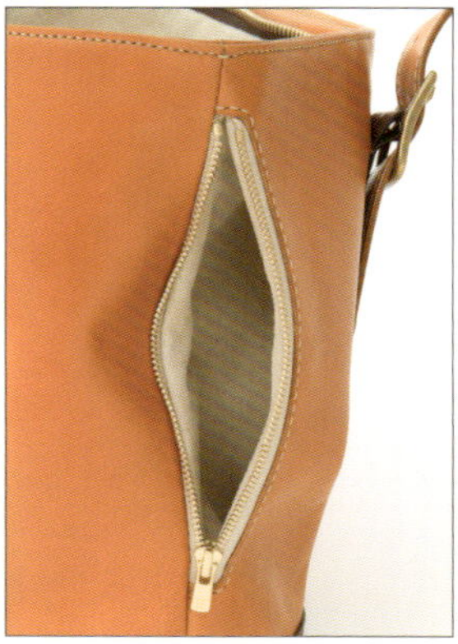

안감 달린 정식 토트 백에 3종류의 지퍼를 달았다. 바느질이 많고 작업도 오래 걸리지만 세부작업까지 손으로 완성하기 때문에 기능성도 완성도도 좋은 작품. 일상적으로 가볍게 메는 가죽 가방이 필요한 분에게 추천하는 작품.

제작순서 P.80 / 패턴 부록 삽지

더블 라운드 지퍼 [키 케이스]

라운드 지퍼를 깔끔하게 붙일 수 있는 '틀' 사용법

라운드 지퍼 2개를 평행으로 달고 한쪽에 키홀더 금속장식을, 다른 쪽에는 동전과 카드를 넣을 수 있는 포켓을 단 아이템. 라운드 지퍼는 일그러지지 않고 제대로 붙이는 것이 가장 어렵다. 여기서는 간단하게 만들 수 있는 틀을 사용하여 지퍼를 깔끔하게 붙이는 방법을 소개한다.

제작순서 P.116 / 패턴 P.181

옆판 달린 라운드 지퍼 [유니버설 케이스]

옆판 폭을 키워서 수납력을 올린 만능 케이스

지퍼 테이프 양 사이드에 띠를 달아 옆판 폭을 키운 라운드 지퍼 타입 만능 케이스. 크게 여닫을 수 있고 사각의 공간에 다양한 물품을 수납할수 있는 것이 특징. 지퍼의 띠는 본체와 밖에서 바느질해서 단면을 마감한다. 성경책 커버로도 응용할 수 있다.

제작순서 P.136 / 패턴 P.182

긴 옆판 달린 지퍼 [파우치]

프로의 테크닉이 담긴 본격 지퍼 가죽공예 아이템

2장의 본체 사이에 긴 옆판을 달아서 그 옆판 위를 지퍼로 여닫는 구조의 파우치. 안감과 뒤집기, 부분 피할, 고리 달기 등이 들어가서 난이도가 높다. 가죽과 지퍼가 잘 어울리는 디자인이다.

제작순서 P.152 / 패턴 부록 삽지

지퍼의 기초

지퍼를 사용하기 위해 제일 먼저 필요한 기초 지식을 해설한다. 지퍼의 성질을 알면 적재적소에 사용할 수 있고 불필요한 곳, 맞지 않는 곳에 사용하는 일이 없어진다. 지퍼를 이용한 테크닉은 워낙 다양하기 때문에 전부 소개하지는 못하지만, 가죽공예용 응용 방법도 소개한다.

협력 : YKK 주식회사 / 사진 : 고미네 히데요, 편집부

우리 주변 곳곳에서 다양하게 쓰이는 조용한 조력자

지퍼는 옷, 가방, 소품, 인테리어 등, 다양한 곳에서 사용되지만, 흔하게 접하기 때문에 각각의 차이점을 알아차리기 힘들다. 색이나 디자인의 차이도 있지만 자세히 보면 기능별로 다양한 변형이 있다. 지퍼 시장에서 압도적인 시장점유율을 자랑하는 YKK에서는 용도에 따라 편하게 사용하도록 다양한 상품을 개발하고 있다.
각각의 차이를 알면서 적재적소에 소재를 배치할 수 있다면, 디자인과 기능을 동시에 만족하는 제품을 만들 수 있을 것이다. 먼저 지루할 수도 있지만 기초의 기초부터 해설하고, 그 다음 가죽공예에 활용할 수 있는 상품을 자세하게 소개한다.

지퍼의 명칭 차이

지퍼의 정식 명칭은 '슬라이더 퍼스너', '줄 퍼스너'이다. 퍼스너는 파츠를 접합하는 부품 전체를 통칭하는 말인데, 영국과 일본에서는 통상적으로 지퍼를 '퍼스너'라고 통칭한다. '지퍼'는 여닫는다는 뜻의 ZIP에서 유래하였고 미국에서 잘 쓰이는 명칭이다. 일본의 영향을 많이 받은 윗세대는 지퍼의 일본식 발음인 '쟈크'라고 부르기도 한다. 이 책에서는 대한민국에서 통상적으로 쓰는 용어인 '지퍼'를 사용하도록 하겠다.

지퍼의 구조

'띠' 끝에 규칙적으로 달린 '이빨(엘리멘트)'이라는 부품이 띠를 감싸고 있기 때문에 띠를 구부리면 이빨이 맞물리면서 지퍼가 열리고 닫히는 원리. 지퍼를 닫으면 양쪽 돌기가 단단히 맞물려 빠지지 않는다. 열 때는 닫을 때와 같게 띠를 구부리면 이빨이 벌어진다. 이 동작은 단순하면서도 어려운데, 쉽게 여닫을 수 있게 해주는 부품이 '손잡이'와 '슬라이더'이다.

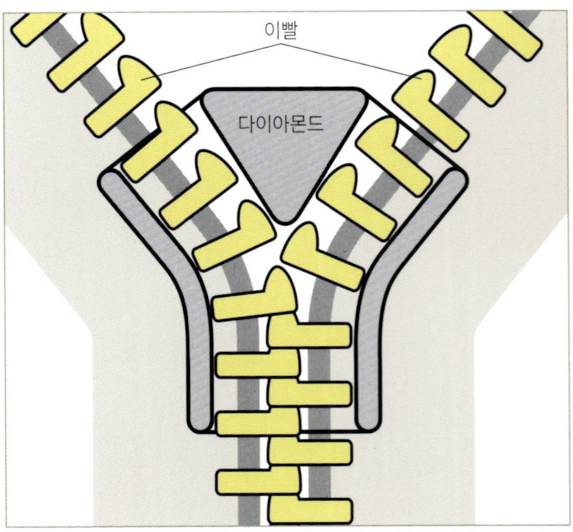

슬라이더의 앞에 있는 삼각형의 '다이아몬드'라는 부품이 이빨을 정교하게 맞물리게 해준다

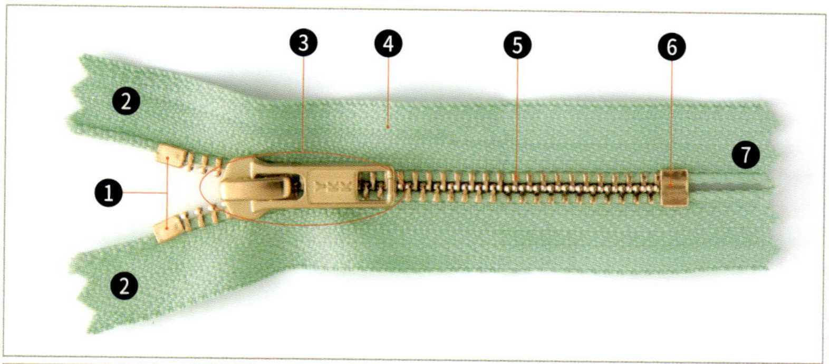

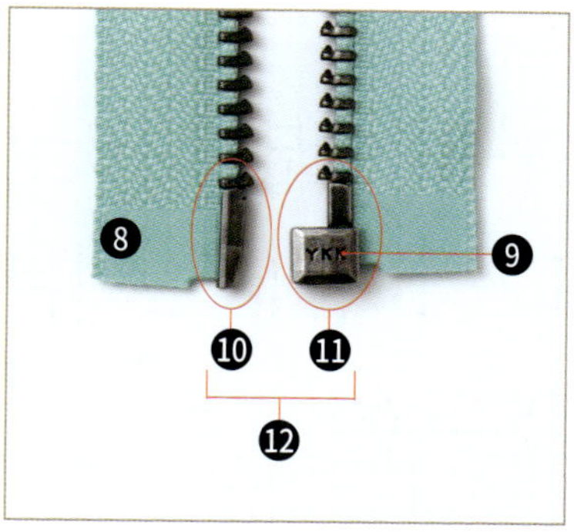

❶ **윗막음쇠(탑 스토퍼) :** 닫았을 때 슬라이더를 막아주는 스토퍼 ❷ **윗여분 :** 윗막음쇠 쪽 테이프 여분 ❸ **슬라이더 :** 엘리먼트의 이빨을 모으고 닫아주는 부품 ❹ **테이프 :** 천이나 가죽과 지퍼를 이을 때 재봉하는 부위 ❺ **이빨(엘리멘트) :** 지퍼를 열고 닫게 하는 이빨 ❻ **아랫막음쇠(바텀 스토퍼) :** 열었을 때 슬라이더를 막아주는 스토퍼 ❼ **아랫여분 :** 아랫막음쇠 쪽 테이프 여분 ❽ **보조 필름 :** 테이프 천이 풀리지 않도록 잡아주는 보강 테이프 ❾ **고정 상자(리테이닝 박스) :** 닫았을 때 고정핀을 꽂는 부위 ❿ **고정핀(인서트 핀) :** 지퍼를 닫을 때 꽂아서 고정하는 핀 ⓫ **핀 상자(박스) :** 핀을 꽂는 박스 ⓬ **고정 도구 :** ❾~⓫ 까지 통틀어서 부르는 이름 ⓭ **기둥(크라운) :** 손잡이를 거는 부위 ⓮ **손잡이(풀러, 탭) :** 슬라이더를 조작하는 용도의 부위 ⓯ **어깨(숄더) :** 닫을 때 이빨을 모아주는 부분 ⓰ **테이프 틈(테이프 갭) :** 여닫을 때 테이프가 통과하는 틈 ⓱ **레일 :** 이빨이 슬라이더에서 빠지지 않도록 잡아주는 가이드

테이프 색상 견본. 컬러가 다양하고 풍성해서 지퍼 부품과 만드는 작품에 맞춰 섬세하게 테이프 색상을 선택할 수 있다.

지퍼 종류

지퍼는 크게 3종류로 나뉜다. 금속 지퍼는 이빨이 금속으로 끼워져 있다. 플라스틱 지퍼는 코일 지퍼라고도 불리는데, 낚시줄 같은 플라스틱이 코일처럼 연결되어 있다. '비슬론(Vislon)'은 YKK의 특수한 브랜드로, 플라스틱을 성형한 타입이다.

금속

플라스틱

비슬론®

다양한 지퍼

여기서는 앞에서 소개한 금속 지퍼, 플라스틱 지퍼, 비슬론 지퍼는 물론, 통상적인 제품 이외에도 특이한 형식의 지퍼도 소개한다. 다양한 모양의 지퍼가 있으므로, 특징적인 디자인을 활용하여 작품에 활력을 불어넣어 보자.

금속 지퍼

쇠, 알루미늄, 니켈 등의 재질로 이빨을 만든 타입의 지퍼. 메탈 지퍼라고도 불리운다. 의류, 가방 등에 사용되고, 가죽 제품과 잘 어울리는 지퍼이다. 사이즈는 3호부터 10호까지 6종류가 있어서 제품의 크기와 용도에 따라 사용할 수 있다. 슬라이더도 타입과 사이즈에 맞춰야 하기 때문에 주의한다. 내구성이 좋지만 염기성 물질, 산화제, 황화물질 등에 닿으면 변색된다.

사이즈 (실제 크기)

No.3

No.4

No.5

No.7

No.8

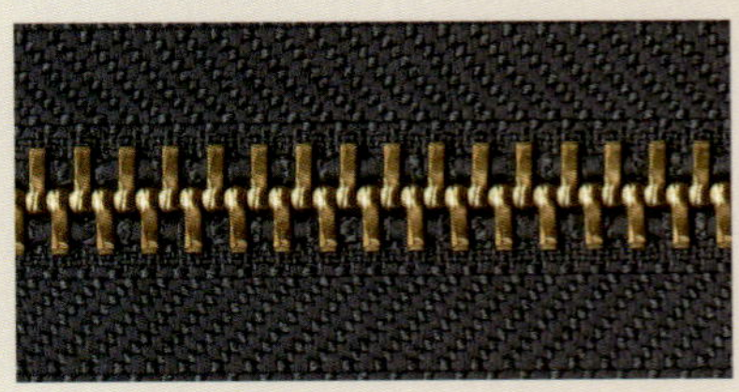

No.10

① 스탠다드

기능, 가격 면에서 가장 스탠다드한 타입(여기서는 청바지용 'YZiP'도 소개하고 있지만, 성능이나 슬라이더 규격이 다르므로 주의한다). 소재는 대부분 금도금이며 니켈이나 황동, 흑니켈, 알루미늄도 있다. 알루미늄은 다른 금속 소재보다 가볍지만 충격이나 마찰에 약하고 산과 염기성 물질에 닿으면 빠르게 산화된다. 'EVERBRIGHT(에버 브라이트)'는 구리 합금 이빨을 연마, 방부, 도장 처리하여 광택과 촉감이 좋은 고급 제품이다.

● YZiP® 앤틱 골드

● YZiP® 앤틱 실버

● YZiP® 골든 브래스

● YZiP® 달실버

● 흑니켈

● 니켈

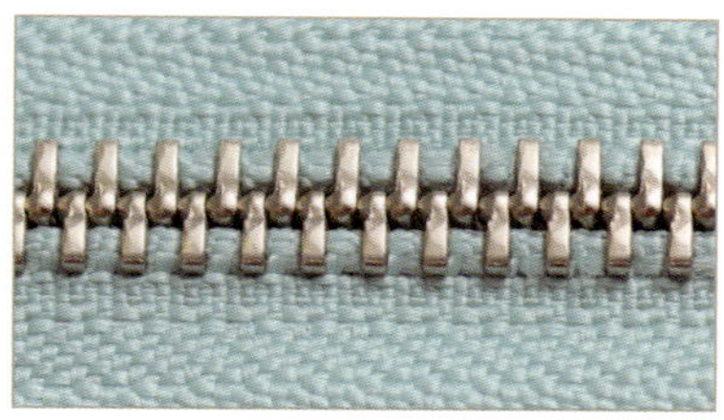

● 알루미늄

● 골든 브래스

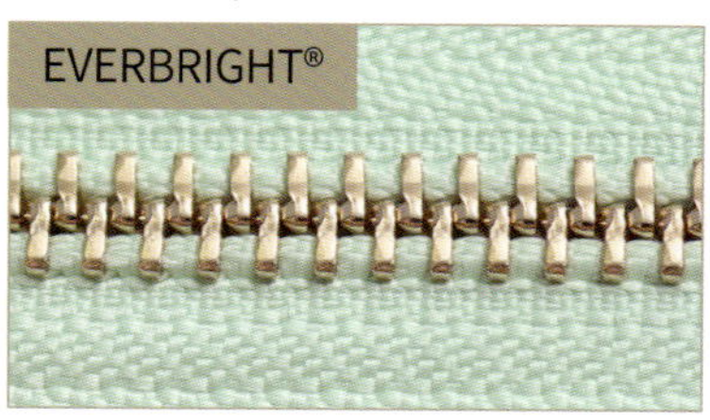

● 니켈실버

② 엑셀라® / 루미나®

금속 지퍼의 고급 라인. 이빨 하나하나를 정확하게 다듬어서 고급감과 여닫을 때 부드러움을 한층 높인 브랜드이다. 한쪽에서 여닫는 일방향 타입과 양방향 타입 2종류가 있다. 사이즈는 2, 3, 5, 8호 4종류가 있다. 양방향은 3, 5, 8호만 있다.

루미나는 알루미늄 재질의 엑셀라로서, 색상이 선명하고 멀티 컬러가 있다. 사이즈는 3, 5호 두 종류.

● 니켈

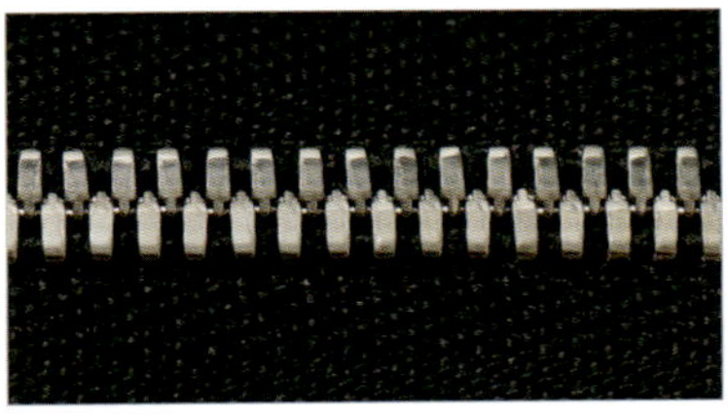

● 매트 화이트 브론즈

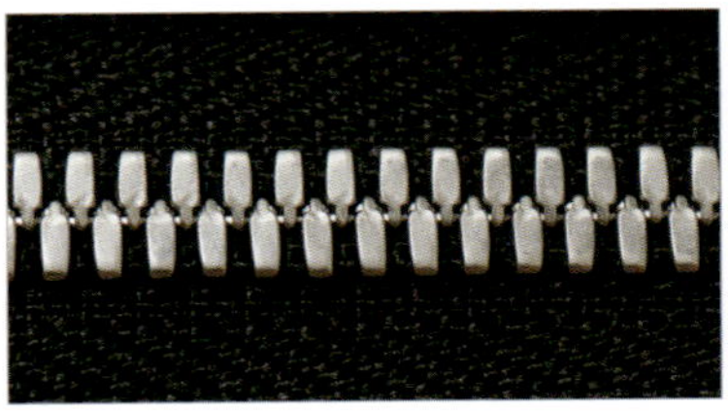

● 골든 브래스

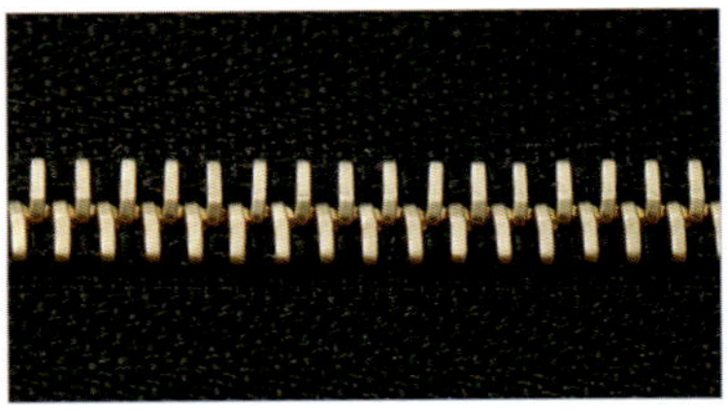

● 골드

● 앤틱 브래스

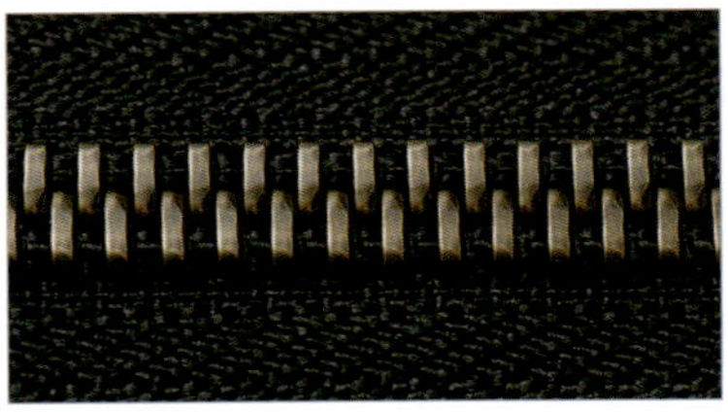

● 앤틱 커버

● 블랙

● 블랙 실버

● 실버

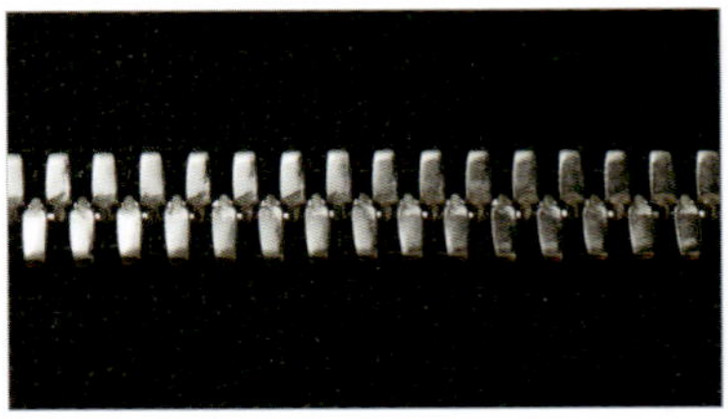

● 앤틱 실버

● 멀티 컬러(루미나®)

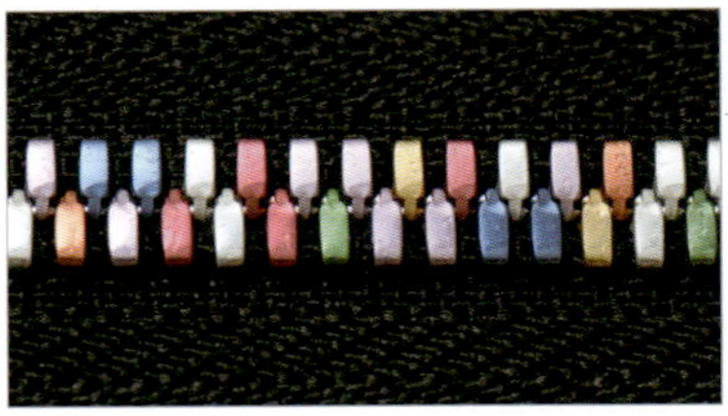

2호 사이즈(실사이즈)

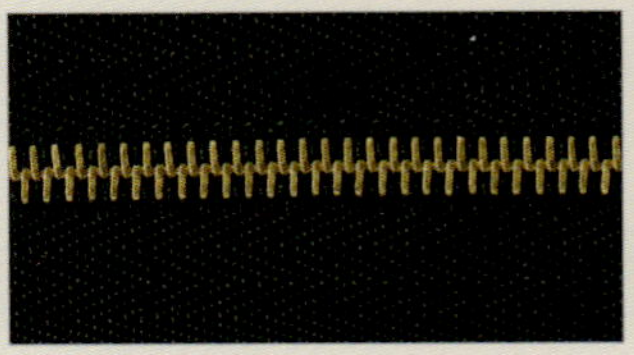

③ 올드 아메리칸

1940~50년대 미국 빈티지 지퍼를 재현한 모델. 버라이어티하고 화려한 디자인의 슬라이더나 막음쇠가 특징이다. 품질과 디자인을 동시에 만족하기 위해 연구를 많이 하여 내놓은 상품이다. 레트로한 제품과 잘 어울린다.

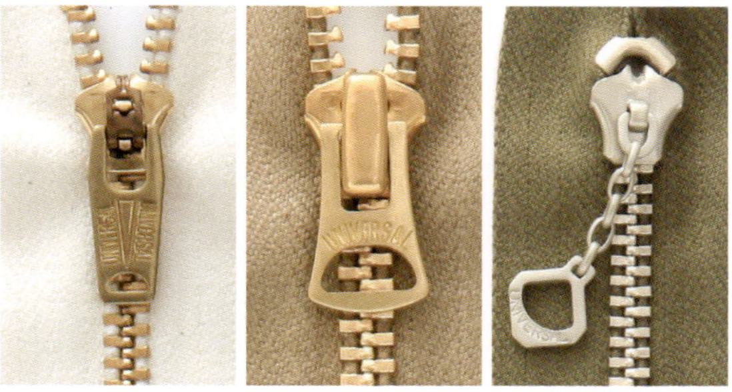

오리지날의 분위기를 내기 위해 거칠게 마감한 슬라이더. 슬라이더 종류는 매우 다양하다(사이즈가 모두 다르므로 주의한다)

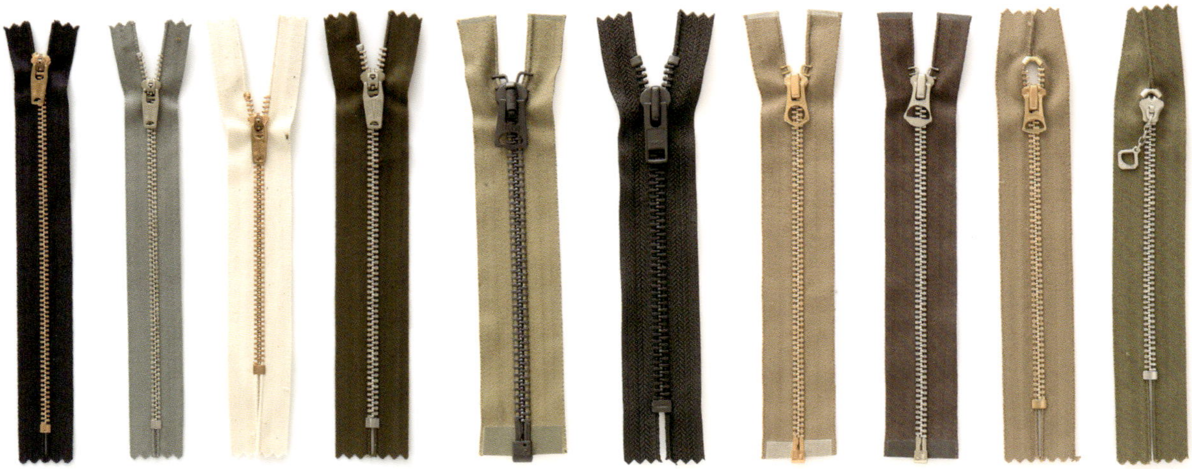

[윗막음쇠]

[윗막음쇠](왼쪽 위), [아랫막음쇠](왼쪽 아래), [U자 윗막음쇠], [ㄷ자 윗막음쇠(좌우 비대칭)](오른쪽 아래)의 4종류의 윗막음쇠가 있다. ㄷ자와 U자는 분위기와 내구성 등을 고려해서 개성을 드러낼 때 고르는 제품(U자 윗막음쇠는 막음쇠만 생산한다)

[아랫막음쇠]

[와이어 아랫막음쇠](위)와 [H자 아랫막음쇠] 2종류가 있다. 와이어 타입은 레트로한 분위기를 낸다

④ 시메트릭 지퍼

일반적인 금속 지퍼는 이빨 형태가 좌우 비대칭이다. 그래서 슬라이더를 지퍼 양쪽 끝에 하나씩 끼우는 '머리 맞추기'와 '꼬리 맞추기'를 할 때 이빨 방향과 반대로 끼운 슬라이더는 움직이기 어렵게 된다. 이 문제를 풀기 위해 보통은 안쪽 상자 지퍼를 사용하고 있다. 이 안쪽 상자의 품질을 향상해 달라는 요구에 맞추어 개발한 지퍼.

이빨은 좌우대칭형태를 조금 변형했다. 반대로 통과한 슬라이더의 저항을 가볍게 해주면서 외관상으로는 중량감도 주고, 고급감이 드러난다. 또한 가방 등에 사용할 때 코너 부분의 조작이 쉽도록 사용성을 개선했다. 가방용으로 최적화된 제품.

사이즈는 5호만 있다. 컬러는 ❶ 앤틱 골드, ❷ 유광 실버, ❸ 골드(에버브라이트), ❹ 앤틱 실버, ❺ 실버(에버브라이트), ❻ 흑니켈 , 그리고 사진에는 없으나 유광 흑니켈도 있다

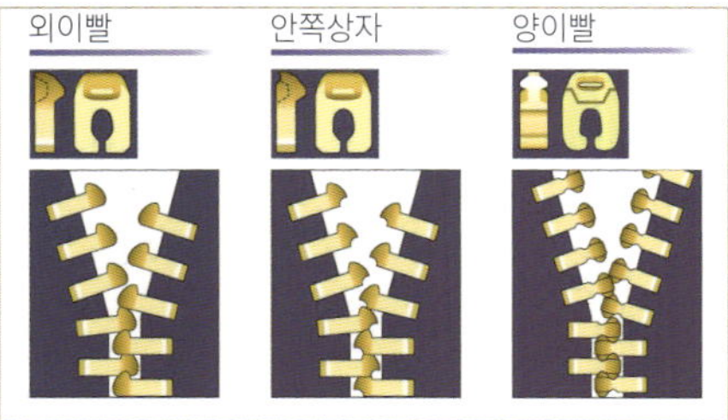

왼쪽이 보통의 좌우비대칭 이빨, 가운데가 안쪽상자, 오른쪽이 신메트릭 지퍼. 0.01㎜ 단위의 오차도 허용하지 않는 고급 기술이 적용되어 있다.

⑤ 인젝션 지퍼

아연 합금을 테이프에 직접 인젝션(사출)해서 일반 금속 지퍼보다 매끄럽고 중후한 느낌을 주는 제품. 특징은 이빨 양옆에 '지느러미'라는 부위가 있다는 점이다. 여닫을 때 슬라이더와 테이프가 직접 닿지 않도록 하는 가이드 같은 것으로 테이프가 끊어지는 현상을 막아주기 때문에 내구성이 좋다.

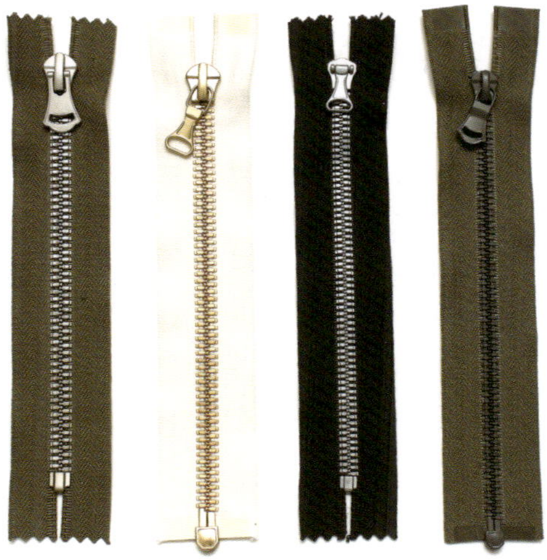

슬라이더는 지느러미 위를 미끄러지듯 움직이기 때문에 테이프가 마찰로 망가지지 않는다. 구두처럼 지퍼를 자주 여닫는 제품은 테이프가 끊어지는 일이 있는데, 인젝션 지퍼를 쓰면 망가질 일이 없다. 사이즈는 75호, 95호 두 종류. 이빨 컬러는 원단색, 니켈, 흑니켈, 골드 4종류

⑥ 듀얼 컬러 지퍼

가벼운 알루미늄으로 만든 이빨로 알마이트 가공을 해서 컬러풀하게 마감한 지퍼. 내구성도 상향시켰고, 알루미늄이 가벼워서 디자인 제품에서 많이 쓴다.

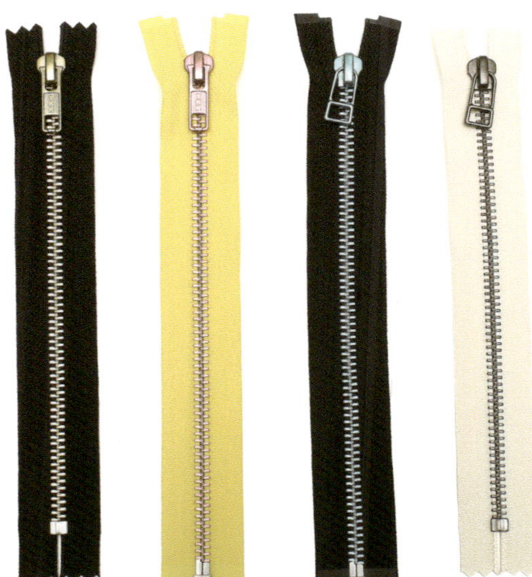

사이즈는 3, 5호 두 종류(3은 YZiP 타입). 이빨 컬러는 블루, 블랙, 핑크, 옐로우 4색

플라스틱(코일) 지퍼

폴리에스테르나 나일론과 같은 수지로 이빨을 만든 지퍼. 이빨을 코일 형태로 감아 테이프에 직접 꿰맸기 때문에 내구성도 유연성도 좋아서 지퍼로서의 기능이 매우 좋다. 플라스틱 지퍼 특유의 부드러운 촉감과 색상 연출도 플러스 요소. 사이즈와 종류가 다양하기 때문에 적재적소에 사용할 수 있다. 'MINIFA'는 YKK에서 가장 작은 사이즈의 지퍼이다.

사이즈 (실제 크기)

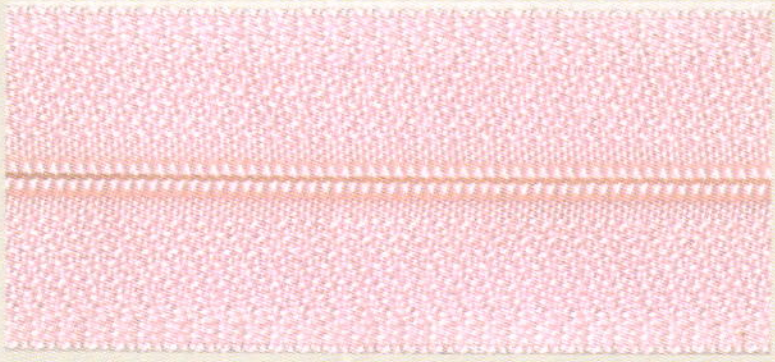

0EF
MINIFA®

2CF

3CF

4EF
에프론®

45CF

5CIF

8CF

10CF

① 스탠다드

스탠다드 타입도 다양한 컬러를 자랑하는 플라스틱 지퍼. 이빨이 보이지 않는 면을 밖으로 해서 쓰는 타입은 '리버스 지퍼'라고도 불린다. 사진에서는 왼쪽에서 두 번째. 외관과 촉감이 걸림없이 부드럽지만 슬라이더가 다르므로 주의한다. 또한 '에프론'은 이빨을 직접 테이프에 꿰매기 때문에 일반적인 지퍼보다 얇고 내구성도 높다. 에프론은 사이즈가 4, 5호만 있다.

② 오로라이트

빛의 광도와 광원에 따라 신비한 색상이 드러나는 '간섭색'을 코팅해서 패셔너블하게 만든 지퍼. 이빨색이 다양해서 색상 조합만으로도 개성을 표현할 수 있는 것이 특징. 표준 색상은 왼쪽부터 블랙/골드, 블루/핑크, 핑크/실버, 클리어/레드, 내츄럴/실버, 레드/핑크, 그린/실버, 네이비/실버, 블랙/블루. 사이즈는 5호만 있다.

③ 리버스 지퍼 슬릿 타입

장식성이 높은 이빨을 일부러 안으로 넣어 살짝 만 보이게 한 지퍼. 테이프 틈으로만 살짝 보이는 이빨은 적당하게 액센트를 주고 제품 전체를 돋보이게 하는 아이템이다. 개성 있는 디자인을 만들 수 있기 때문에 독창적인 제품을 기획한다면 적극 활용하면 어떨까. 사이즈는 '메탈리온', '형광색' 모두 5호만 있다.

● 메탈리온

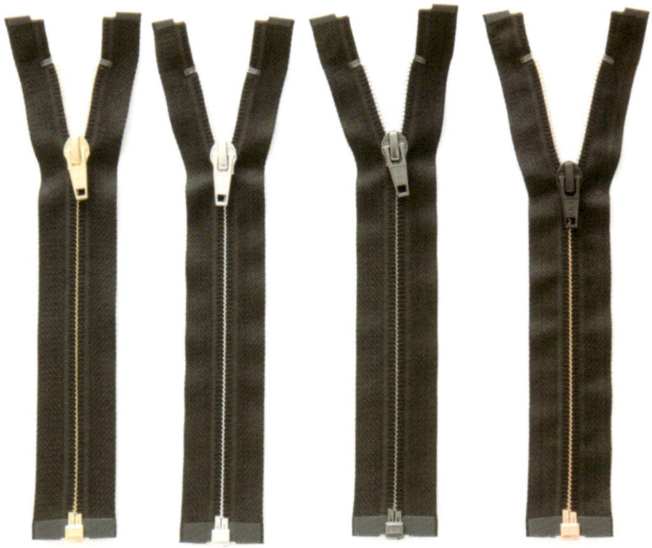

리버스 지퍼는 겉에서 봤을 때 일반적인 플라스틱 지퍼와 동일하다. 특징은 플라스틱을 감고 있는 실 색상을 이빨이 아닌 테이프에 맞췄다는 점. 또한 슬라이더 종류도 다르므로 주의해야 한다

● 형광이빨

이빨에 형광 컬러를 입힌 타입. 슬릿이 좁지만 형광 컬러에서 나오는 존재감이 대단하다. 레드, 블루, 그린 3종류의 컬러가 시판되고 있다

뒤편을 보면 일반적인 코일 지퍼와 동일하다. 특징은 코일을 바느질해서 연결한 실 색을 이빨이 아니라 테이프 색과 맞춘 것. 또한 슬라이더도 일반 코일 지퍼와 다르게 마감했다

비슬론®지퍼

폴리에스테르, 나일론, 폴리프로필렌과 같은 수지(플라스틱)를 테이프에 사출 성형한 지퍼. 금속 지퍼보다 가볍고, 플라스틱 재료를 사용했기 때문에 컬러 표현도 다양하다는 것이 장점이다. 스탠다드 외에도 투명, 알루미늄 박을 넣은 홀로그램, 광택 타입 등 바리에이션이 다양하다. 금속 인젝션 지퍼처럼 지느러미가 있다. 사이즈도 많아서 케이스 바이 케이스로 최적의 지퍼를 고를 수 있다.

사이즈 (실제 크기)

No.3

No.8

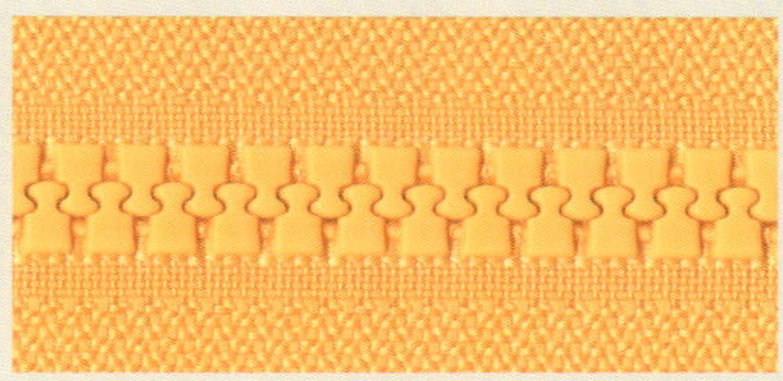

No.4

No.95

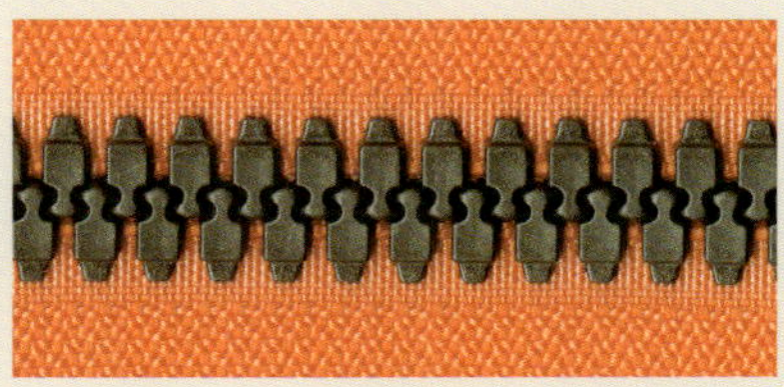

No.5

No.10

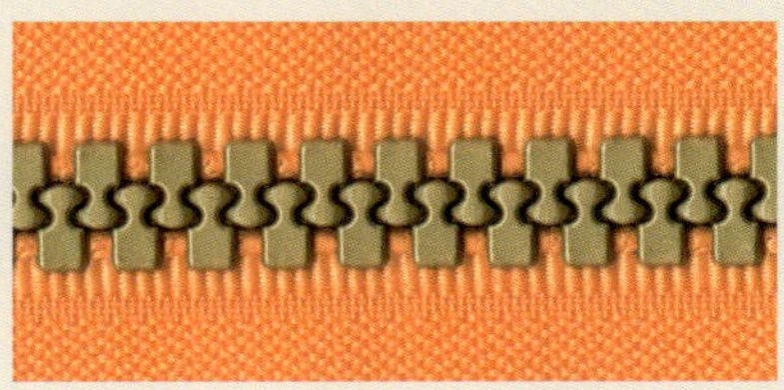

No.75

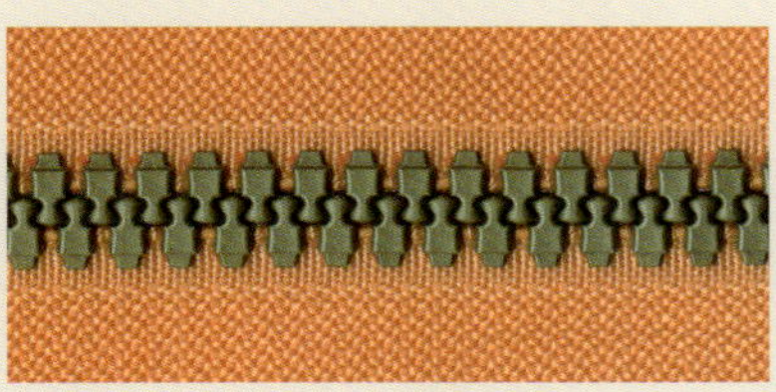

지느러미

※지느러미 No.75, 95는 이빨 부착 강도가 강한 타입의 지퍼

그 외의 지퍼

① 메탈룩스

지퍼 이빨은 플라스틱 사출이어서 비슬론의 일종으로 분류되지만 이빨 표면을 마치 금속 지퍼처럼 질감을 낸 특별한 상품. 이빨 형태도 금속 지퍼와 비슷하게 샤프한 느낌을 내어서 신개념 지퍼라고도 불린다.

광택 질감과 매트 질감이 있어서 한층 메탈 느낌을 낼 수 있다.

② 비즈 지퍼

이빨이 비즈처럼 귀엽게 달린 유니크한 지퍼. 지퍼 자체가 제품의 개성이 될 수 있는 아이템으로 팝하고 캐쥬얼한 디자인이다.

③그 외의 다양한 지퍼

YKK에는 방수기능 등 특수 기능이 있는 지퍼 등 여기서 다 소개할 수 없을 정도로 다양한 라인업이 있다. 특히 컬러링, 프린트 등의 바리에이션은 일정 물량 이상을 발주하면 맞춤형으로 제작해주기 때문에 대량 발주 시에는 상담해 볼 것을 권한다. 내가 상상하는 종류의 지퍼를 손에 넣을 수 있다.

빅 사이즈 비슬론 지퍼. 사진 위의 플라스틱 지퍼는 무게를 줄이기 위해 매쉬 타입으로 만들었다. 사진 아래는 금속 지퍼인데 어망용으로 물고기를 꺼내는 입구에 부착한다. 예전에는 끈으로 묶었으나 지퍼 덕분에 작업성이 좋아졌다

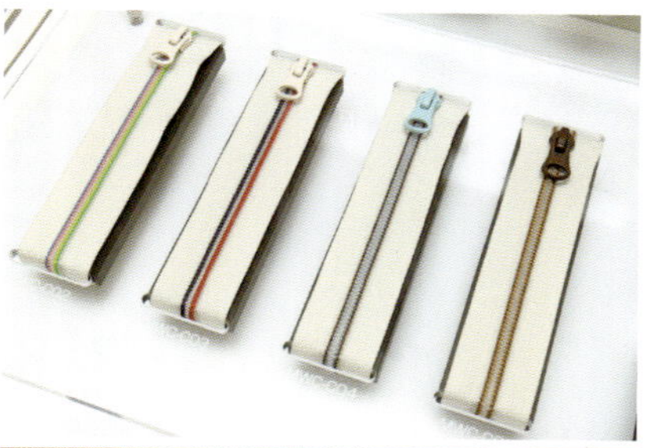

사진 위 : 투명 이빨의 플라스틱 지퍼는 스티치 색을 바꾸어 장식적인 요소를 더하고 산뜻하게 표현했다.
사진 가운데 : 스트라이프 테이프 지퍼. 투명 이빨로 테이프를 스트라이프로 표현했다.
사진 아래 : 테이프에 디자인 프린트가 된 'PRIFA'. 앞뒤 양면에 프린트한 캐쥬얼한 제품.

아래막음쇠에도 다양한 디자인을 시도하고 있다. 둥글고 광택이 있거나, 라인 스톤을 넣은 디자인 등. 일반 라인으로는 나오지 않는 제품이므로 구입하고 싶은 분은 별도 문의

다양한 슬라이더

슬라이드 식 지퍼에서 가장 중요한 파츠 '슬라이더'에도 셀 수 없을 정도로 많은 종류가 있다. 디자인과 색상 종류가 무수히 많으므로 여기서는 기능적으로 구분할 수 있는 몇 개의 대표적인 종류와 유니크한 디자인 정도만 소개한다. 슬라이더는 사용하는 지퍼에 사이즈와 타입에 가장 잘 맞는 것을 골라 용도에 맞게 쓰는 것이 중요하다. 제품에 따라 사용성도 다르므로 차이점을 잘 알아두자.

① 잠김 기능 없는 슬라이더

'자유 슬라이더'라고도 불리는 잠글 필요 없는 슬라이더 타입. 가죽제품, 특히 소품에는 이 타입이 가장 많이 사용된다. 재질도 이빨과 동일하게 아연합금, 쇠, 스테인레스, 폴리아미드, 폴리에스테르 등 다양하고, 표면처리 방식에 따라 몇가지 색이 준비되어 있으므로, 지퍼와 통일감 있게 고르면 된다. 손잡이의 바리에이션도 무수히 많다.

② 자동 잠김 슬라이더

슬라이더가 멋대로 움직이지 않도록 자동으로 잠기는 슬라이더. 손잡이를 잡아당겨 올리면 잠금이 풀려서 지퍼를 여닫을 수 있게 된다. 쉽게 슬라이더가 움직여서 지퍼가 열리면 안 되는 여성복 등에 사용된다.

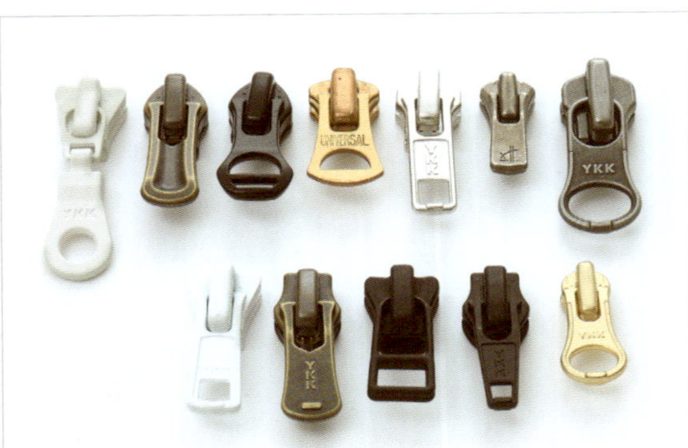

붉은 동그라미 친 부분에 튀어나온 돌기(사진 왼쪽)가 슬라이더의 손잡이를 당기면 안으로 당겨져 올라간다

③ 후처리 슬라이더 / 클램퍼 타입 슬라이더

슬라이더의 손잡이를 넣고 빼기 쉽게 만든 타입의 슬라이더. 후처리 자유 슬라이더는 기둥 뒤쪽 틈새의 돌기가 안쪽으로 당겨져서 원터치로 손잡이를 끼울 수 있다. 클램퍼 타입 슬라이더에는 클램퍼라 불리는 금속장식이 붙어 있어서 원터치로 고리나 손잡이를 끼울 수 있다.

● 후처리

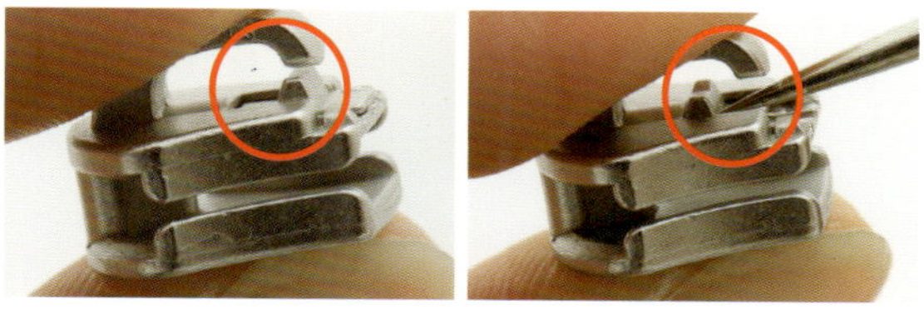

● 클램퍼 타입

④열쇠고리 슬라이더 / 자물쇠 슬라이더

슬라이더 자체가 특이하게 생긴 잠김형 슬라이더. 열쇠고리 모양으로 되어 있거나 머리가 맞물려 슬라이더끼리 결합해서 지퍼가 열리지 않는다. 열쇠가 달린 타입은 자물쇠와 열쇠가 함께 있는 타입. 자물쇠에 열쇠를 넣고 잠그면 핀이 움직여서 잠기고 열린다.

● 열쇠고리

● 자물쇠

SHOP DATA

YKK 지퍼 프로덕츠 판매 주식회사
품질관리부 고객 서비스 그룹
TEL 0120-13-4128 FAX 03-5604-6419
https://www.ykk.co.jp

YKK 코리아
TEL 02-3705-7900 FAX 02-3789-7990
https://www.ykkkorea.com

YKK의 다양한 지퍼를 전시해 놓은 고객 상담 룸. 압도될 정도로 많은 종류의 컬러와 재질을 만나 볼 수 있다.

지퍼가 돋보이는
가죽 소품 만들기

지퍼를 주력으로 사용하는 유니크한 아이템을 만드는 방법을 해설한다. 이 책의 주제가 지퍼인 만큼, 지퍼 가공 테크닉, 취급 방법, 응용 방법 등을 주로 알려주고자 한다. 지퍼 응용 테크닉은 어느 정도 정석이 필요하지만 쓰는 사람의 아이디어도 중요하다. 이 책에서 소개하는 정보를 기초로 자유롭게 변형해서 새로운 지퍼의 가능성을 열어보자.

[No.01] Mini Wallet with L-SHAPED FASTENER

L자 지퍼 [미니 지갑]

인기 있는 L자 지퍼 타입의 동전 지갑을 업그레이드해서, 콤팩트한 미니 지갑으로 만든 아이템. 내부의 가운데 달린 동전 포켓에 옆판을 달아서 수납용량을 늘리고 안감에 카드포켓도 달아서 지폐와 카드도 수납할 수 있게 만들었다.

제작·디자인 : 레더 크래프트맨 / 사진 : 고미네 히데요

지폐, 동전, 카드를 모두 간단하게 수납할 수 있다.
캐쥬얼하게 쓸 수 있어서 편리한 미니 지갑.

1

2

1. 가운데에 있는 큰 동전 포켓은 본체 옆판에 끼웠기 때문에 크게 열린다. 본체 내부에는 안감을 달아서 한쪽에 카드포켓을 달았다. 수납력이 좋아서 지폐, 카드, 동전, 간단한 물건을 모두 넣을 수 있다.
2. 지퍼는 크게 열리며, Y자 구조가 특징이다. 또한 옆판 한쪽에 루프를 만들어 D링을 달았다.

PARTS | 재 료

겉감은 1.3㎜ 두께의 베지터블 소가죽(낙타색), 안감은 내부 포켓은 0.7㎜ 두께의 돈피(베이지)를 사용. 안감용 천을 사용해도 되지만 천을 쓸 경우 단면을 따로 처리해야 한다.

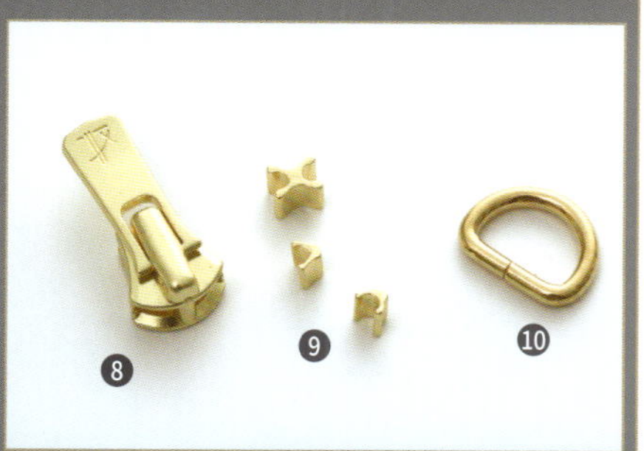

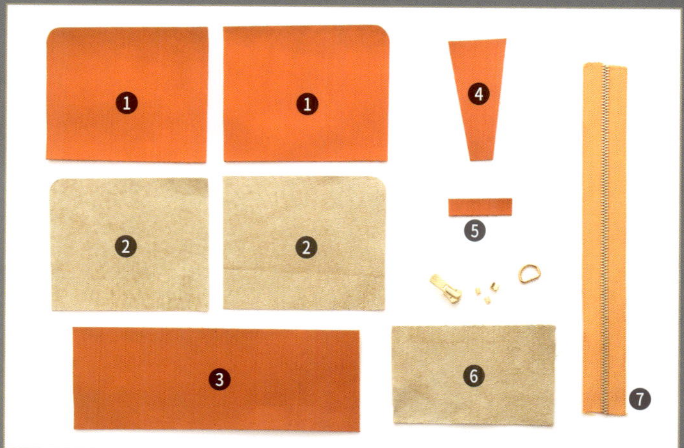

❶ 본체 : 좌우대칭으로 2장 준비
❷ 본체 안감 : 본체와 동일
❸ 동전 포켓
❹ 옆판
❺ D링 고리
❻ 내부 포켓
❼ 지퍼 : 3호 사이즈 / 길이 200㎜
❽ 슬라이더
❾ 윗막음쇠 · 아랫막음쇠
❿ D링 : 내경 10㎜

지퍼를 준비한다

지퍼의 이빨을 빼고, 슬라이더와 막음쇠를 단다. 기성 지퍼를 살 때는 마감했을 때의 길이인 160mm짜리 지퍼를 산다. 양 끝 테이프는 2단으로 접어서(개구리접기) 처리한다.

200mm 길이로 준비한 지퍼를 마감하면 160mm가 되어야 하므로 양 끝에서부터 20mm 위치를 표시한다.

01

표시한 위치까지 이빨을 뺀다.

02

슬라이더를 집어넣고 아랫막음쇠를 테이프 사이에 끼운다.

03

아랫막음쇠를 플라이어 등으로 눌러주고 망치로 두들겨 압착한다.

04

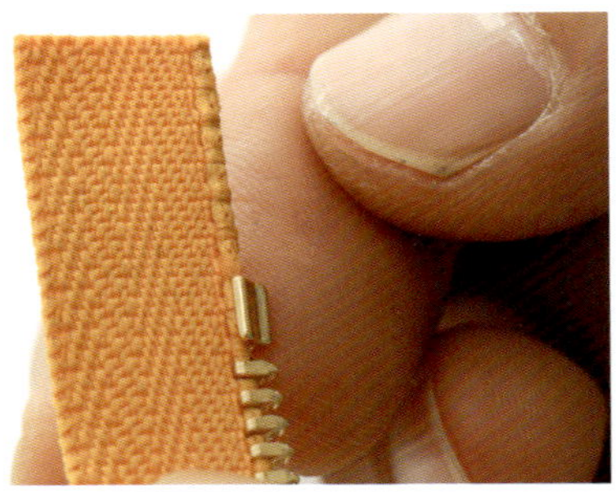

반대쪽에 윗막음쇠를 한 개씩 단다.

05

윗막음쇠도 망치로 두들겨 확실하게 눌러준다.

06

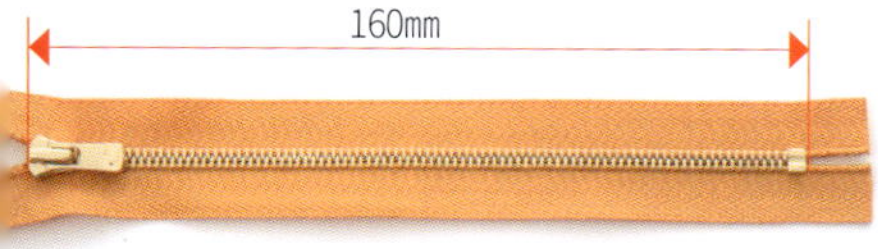

슬라이더, 윗막음쇠, 아랫막음쇠를 단 상태.
금속부의 끝에서 끝까지가 160mm가 되면 OK

07

윗막음쇠, 아랫막음쇠 바깥의 테이프 표면에 고무 접착제를 바르고, 바깥을 향해 45도 각도로 접어준다.

08

테이프 표면의 삼각형 부위(사진의 파란색 표시)에 고무 접착제를 바르고, 직각으로 접어준다.

09

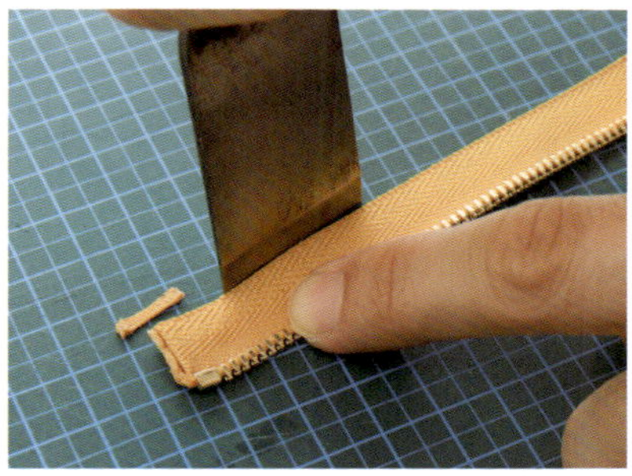

테이프 끝이 바깥으로 튀어나오면 칼로 커트해준다.

10

이상으로 지퍼 준비는 완료.

11

각 파츠의 부분 피할과 단면 마감

조립하기 전에 각 부분을 얇게 하는 부분 피할이나 단면 연마를 해둔다. 부분 피할은 잘 드는 구두칼이 필요하지만 해놓으면 접히는 부분이 깔끔해진다.

● 부분 피할

얇게 하고 싶은 부위에 8mm 정도의 폭으로 표시를 한 후 표시 바깥을 구두칼로 긁어내준다. 유리판 위에 올려놓고 가죽을 피할하면 좋다.

01

옆판은 아래쪽만 20mm 정도 폭으로 피할한다.

02

03 옆판 양 사이드와 아래쪽, D링 고리 양 끝, 동전 포켓의 양 끝(파란색 표시)을 피할한다.

CHECK

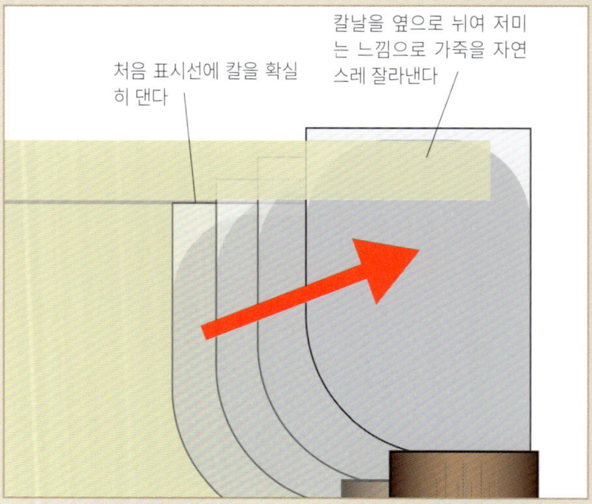

피할 요령

가죽칼의 뒷면을 위로 해서 칼을 수평으로 뉘인다(앞면을 위로 하면 가죽이 너무 깊게 파인다). 표시선에 닿게 옆으로 슬라이드 해가면서 저민다. 무리하게 힘을 주면 구멍이 뚫려버리므로 칼날이 가죽을 깎는다는 느낌으로 손을 옆으로 움직인다. 폭이 넓을 경우 한 번에 피할하지 말고 몇 mm씩 움직이며 여러차례 깎는다. 피할 전용 칼을 사용하면 편하다.

단면 마감

사포 등을 사용해 단면 모서리를 깎아내서 둥그스름한 형태를 만든다.

04

단면 마감제를 바른 천으로 문질러 가죽 표면의 털을 정리해준다.

05

본체의 양 모서리는 지퍼를 달기 때문에 안쪽까지 보인다.
가죽 뒷면도 끝에서 5mm까지는 마감제를 발라둔다.

06

단면에 가죽용 염색제를 바른다. 이 과정은 생략해도 된다.

07

06과 같이 본체의 양 모서리는 염색제도 5mm 안쪽까지 발라준다.

08

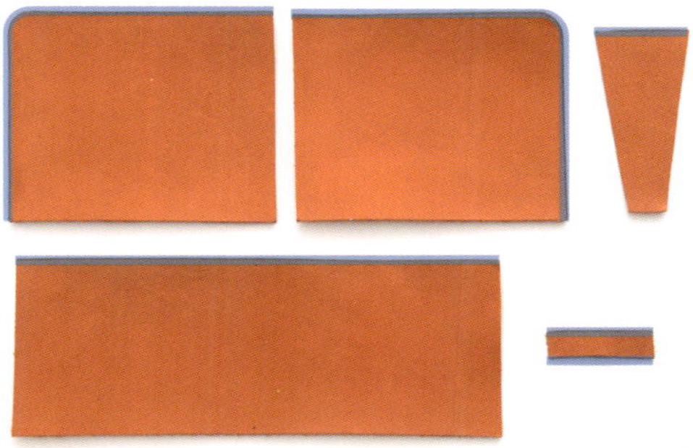

09 파란색으로 표시한 부분이 단면 정리를 해야 하는 부분이다.

CHECK

단면 마감 순서에 대하여

단면 마감은 순서를 바꿔도 된다. 염색제는 사용하지 않아도 된다. 뒤에 작업할 때 색이 다른 겉감과 안감을 겹쳐서 단면을 연마하기 때문에 염색제를 쓴다면 확실히 마감해야 한다.

동전 포켓을 만든다

반으로 접은 동전 포켓과 옆판을 함께 접합해서 바닥 부분만 먼저 마감한다. 접합한 부분은 나중에 본체와 함께 바느질하기 때문에 아직 바느질하지 않고 다음 작업 때 함께 한다.

● 옆판과 동전 포켓을 접합한다

옆판은 은면을 안쪽으로 향하게 해서 반으로 접는다. 접은 부위는 망치로 두들겨 형태를 잡아준다.

01

동전 포켓은 뒷면을 안쪽으로 해서 반으로 접고 망치로 두들겨 형태를 잡아준다.

02

동전 포켓의 양 사이드와 바닥 3개 모서리에 3㎜ 폭으로 고무 접착제를 바른다.

03

옆판은 패턴대로 뒷면에 표시를 하고 아래쪽 3㎜ 폭으로 고무 접착제를 바른다.

04

옆판의 표시점 아래에 동전 포켓 양 끝을 나란히 맞춰 붙인다.

05

이어서 동전 포켓 바닥면도 모서리를 나란히 해서 붙이고 롤러로 압착한다.

06

옆판 끝부터 동전 포켓의 접힌 부분까지 바느질구멍을 뚫는다.

08

● 바느질한다

바닥에 바느질선을 긋는다.

07

옆판에서 포켓 접힌 부분까지 바느질한다.

09

바닥 부분을 바느질한 상태. 바닥 단면은 눈에 띄지 않지만 신경 쓰인다면 단면 마감을 해도 좋다.

10

내부 포켓을 시접한다

내부 포켓 상단을 시접하는 방법을 소개한다. 시접할 때는 패턴 표시 대로 파츠 높이를 10㎜ 높게 남겨둔다. 그리고 시접한 후에 접은 부분을 바느질하면 훨씬 단단하게 마감할 수 있다.

01 내부 포켓 상단을 안쪽 10㎜ 폭으로 피할해서 얇게 만든다. 1/3 정도 두께면 좋다.

돈피는 피할하면 끝이 후들거리므로 2㎜ 폭으로 끝을 잘라낸다. 이렇게 잘라내면 정사이즈보다 8㎜ 긴 상태가 된다.

02

패턴을 겹치고 헤라 등 뾰족한 물건으로 패턴 모서리를 따라 긁어 자국을 낸다. 이 자국이 시접선이 된다.

03

POINT

시접하는 8㎜ 폭의 2배, 16㎜ 범위에 고무 접착제를 바르고 시접한다. 조금씩 접으면 밀릴 수 있기 때문에 손가락을 앞으로 전진하면서 접는 면 전체를 균등하게 눌러준다.

04

시접한 후에는 롤러로 확실히 압착해준다.

05

다시 한 번 금속망치로 두들겨서 가죽을 단단하게 고정한다.

06

본체와 지퍼를 바느질해서 합체한다

이제 미니 지갑의 핵심 공정, 지퍼를 L자로 붙이고 바느질 할 차례. 고무 접착제를 2mm 폭으로 바르거나 양면 테이프를 붙인다(둘 다 해도, 하나만 해도 된다). 두께가 두껍다면 피할해도 좋다.

● 바느질 구멍을 뚫는다

본체의 주위에 바느질선을 긋는다. 여기서는 2.5mm 폭으로 그렸지만 구멍 간격은 취향대로 자유롭게 그려도 좋다.

01

02 바느질선을 그은 상태. 꼭지 부분은 둥글기 때문에 부드럽게 그릴 수 있도록 주의한다.

직각 코너는 원형송곳으로 뚫는다.

03

원형송곳을 기초로 바느질선 위에 타공 도구를 사용해 바느질 구멍을 뚫는다.

04

바닥은 구멍 개수를 동일하게 맞춰야 하기 때문에 먼저 뚫은 쪽과 나란히 놔두고 개수를 맞춰가며 구멍을 뚫는다.

05

06 구멍을 뚫은 상태. 바닥쪽은 구멍 숫자가 동일하다(파란 선을 친 부분).

● 지퍼를 단다

뒷면에 폭 5mm의 선을 긋는다. 이 선이 지퍼를 달 때 기준선이 된다.

07

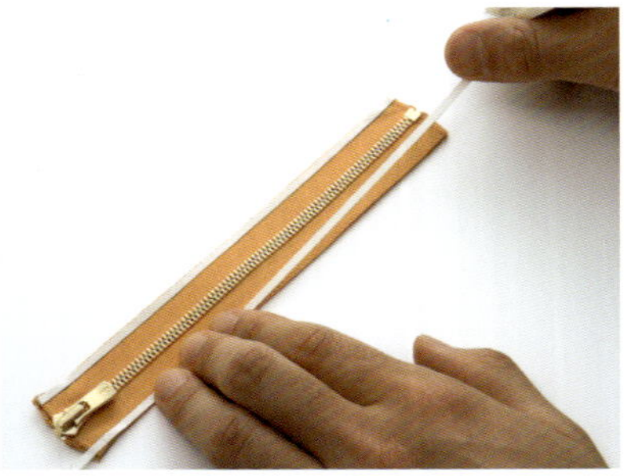

지퍼 테이프 겉면의 양 사이드에 2㎜ 폭의 양면 테이프를 붙인다.

08

지퍼의 끝을 꼭짓점에서 두 번째 땀구멍에 맞춰 붙인다.

09

직선 부분을 미리 그어놓은 표시선에 맞춰 붙여나가되 코너는 남겨둔다. 테이프가 늘어지지 않도록 주의한다.

10

POINT

남겨둔 코너는 한가운데부터 붙이고 양 옆을 따라 붙여나간다. 좌우를 균등하게 누르는 것이 포인트.

11

추가로 양 끝에 불룩하게 남은 부분을 차례대로 눌러가며 붙인다.

12

13 불룩한 부분을 누르면서 주름을 만든다. 주름 간격도 균등하게 만들어야 한다.

금속 망치등으로 두들겨서 주름을 완전히 평평하게 만든다.

14

● 안감과 내부 포켓을 붙인다

본체 안감의 옆판과 맞붙이는 모서리는 두께를 맞추기 위해 끝을 피할 해준다.

15

직선 양 끝만 안쪽 면을 따라 고무 접착제를 바른다.

16

17 본체는 직선 양 모서리에 고무 접착제를 바른다(사진 위). 그리고 지퍼 테이프 끝 2㎜ 폭으로 양면 테이프를 붙인다(사진 아래).

남은 2개 모서리는 끝을 맞춰 붙여나간다.

18

양면 테이프의 종이를 떼어내고 코너를 접은 두 개의 모서리도 맞붙여 준다.

19

20 롤러로 밀어서 압착한다.

CHECK

내부 포켓을 다는 방향

여기서는 완성품 수납부분을 볼 때 오른쪽에 해당하는 본체에 내부 포켓을 단다. 오른손으로 지퍼를 당겨서 열었을 때 보이는 방향이어서이다. 왼손잡이는 반대로 달면 된다. 또한 양쪽 두께를 줄이도록 궁리해서 맞추면 좋지만 양쪽 모두에 붙여서 두께를 맞춰도 된다.

시접한 부분의 양 사이드 두께를 줄이기 위해 3mm 폭으로 피할한다

21

옆판쪽 한쪽 모서리는 전체를 피할해서 두께를 맞춰 준다.

22

지퍼에 붙인 모서리 1개는 2mm 폭의 양면 테이프를 바른다.

23

바닥쪽과 옆판에 붙는 쪽 모서리 2곳은 고무 접착제를 바른다.

24

본체 옆판쪽은 내부 포켓을 붙일 범위에 고무 접착제를 바른다. 파츠를 대보면서 바르면 좋다. 바닥쪽 모서리는 전체에 접착제를 바른다.

25

끝을 맞춰 본체 안감 위에 내부 포켓을 붙인다.

26

27 모서리를 금속 망치로 두들겨서 압착하면서 두께를 줄인다.

바느질한다

본체에 뚫어 놓은 바느질 구멍에 원형송곳을 대고 수직으로 눌러 관통한다(마름송곳을 쓸 때는 테이프 천이 상하지 않도록 주의하며 뚫는다).

28

POINT

바느질 구멍이 내부 포켓의 안쪽으로 구멍이 나도록 위치를 잘 조절하며 뚫는다.

29

지퍼를 붙이는 모서리는 위쪽 꼭짓점부터 아래쪽 꼭짓점까지 바느질해서 맞춘다.

30

31 바느질을 끝낸 상태. 28에서 바느질 구멍을 관통할 때 원형송곳을 수직으로 뚫지 않으면 안감쪽 스티치가 들쑥날쑥해 질 수 있으므로 주의.

반대쪽 본체도 동일하게 작업한다

다른 한쪽 지퍼도 P.40의 08~10과 동일한 방법으로 본체에 붙인다.

32

코너 부분의 테이프 중앙을 눌러서 붙여준다.

33

34 불룩한 부분을 눌러서 균등하게 주름을 만들어준다.

지퍼 테이프 끝에 2mm 폭의 양면 테이프를 붙이고, 옆판 모서리 2개에는 고무 접착제를 바른다.

35

안감 옆판과 아래쪽 모서리 2개에는 고무 접착제를 바른다.

36

고무 접착제를 바른 모서리의 끝을 맞춰 맞붙인다.

37

양 모서리를 양면 테이프로 붙여가면서 롤러 등으로 압착한다.

38

앞서 뚫어놓은 바느질구멍에 원형 송곳을 대고 수직으로 관통한다.

39

위 꼭짓점에서 아래 꼭짓점까지 바느질해준다.

40

CHECK

지퍼를 바느질하는 요령

균형이 무너지거나 테이프가 비뚤어지기 쉬우므로 바느질하기 전에 전체를 체크한다. 보기 좋지 않을 때는 새로 붙이는 것도 방법이다. 또한 양 사이드에 모두 윗막음쇠부터 아랫막음쇠까지 바느질하는 게 튼튼하게 마감할 수 있고 실 마감도 눈에 띄지 않는다.

지퍼 양 사이드를 바느질한 상태. 옆판과 함께 바느질할 때 바닥은 맞붙이기만 하고 바느질하지는 않는다.

41

본체와 옆판을 바느질한다

2장의 본체 사이에 내부 포켓과 합친 옆판을 끼우고 양 사이드를 각각 바느질한다. 하단은 단면이 Y자가 되므로 바느질 할 때 요령이 필요하다. 마지막에 바닥 부분을 바느질해서 연결하면 본체 완성.

● D링 고리를 준비

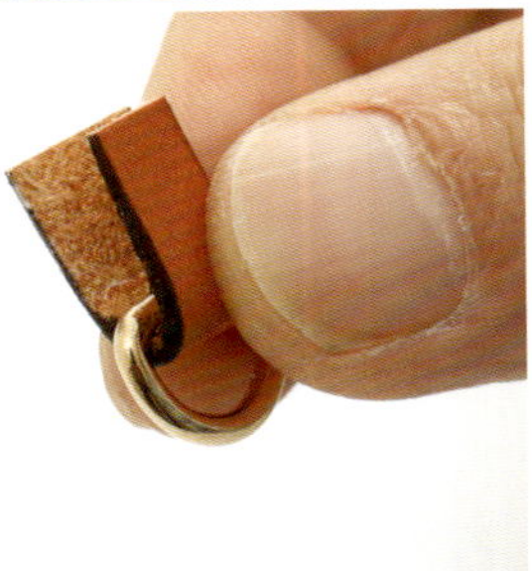

D링 고리의 내피에 양 끝에서 10㎜ 폭으로 고무 접착제를 바르고 D링을 통과한다.

01

02 D링 고리의 양 끝을 붙인다.

D링 고리를 달 위치(동전 포켓 붙이는 위치 상단) 근처는 적당히 염색제를 바르고 단면을 다듬는다.

03

● 옆판 한쪽을 바느질한다

본체(내부 포켓을 다는 쪽) 옆판과 바느질하는 부위에 고무 접착제를 바른다.

04

옆판을 단 내부 포켓을 끝에서 3㎜ 폭으로 거칠게 깎아서 위에서부터 고무 접착제를 바른다.

05

D링 루프의 끝에서 10mm 폭만큼 면을 깎고 위에서부터 고무 접착제를 바른다.

06

본체 상단에서 20mm 정도 위치에 D링 고리를 단다. 그 때, 고리 끝이 바느질 구멍과 겹쳐서 뚫리지 않게 위치를 살짝 조절하는 것이 좋다.

07

끝을 맞춰서 내부 포켓과 본체를 접합한다.

08

코르크판 모서리를 이용해서 옆판 한쪽만 바느질 구멍을 뚫어 놓는다.

09

10 꼭짓점 구멍에 이미 실이 꿰여져 있기 때문에 상처가 나지 않도록 원형송곳을 이용해 구멍을 관통한다(사진 위). 다른 구멍은 마름송곳으로 뚫어도 된다(사진 아래).

윗꼭짓점에서 바느질을 시작하는데, 제일 위는 실을 3번 정도 돌려서 보강한다.

11

이대로 아래를 향해 바느질을 진행한다. 옆판 제일 아랫구멍까지 바느질한다.

12

옆판 반대쪽을 바느질한다

옆판 다른쪽 끝에 고무 접착제를 바른다.

13

본체의 남은 바느질 부분(바닥과 옆판)에 고무 접착제를 바른다.

14

끝을 맞춰 본체와 옆판을 붙인다. 좌우 균형이 잘 맞도록 주의한다.

15

남은 바닥 1개 모서리도 끝을 맞춰 붙인다.

16

P.47의 9~10과 동일하게 본체 바느질 구멍을 옆판까지 관통한다.

17

CHECK

우선 옆판 상단부터 하단까지 바느질구멍을 관통하고, 사진에서 송곳이 가리키는 위치까지 바느질을 진행한다. 이보다 아래의 구멍은 바느질하지 않고 놔둔다.

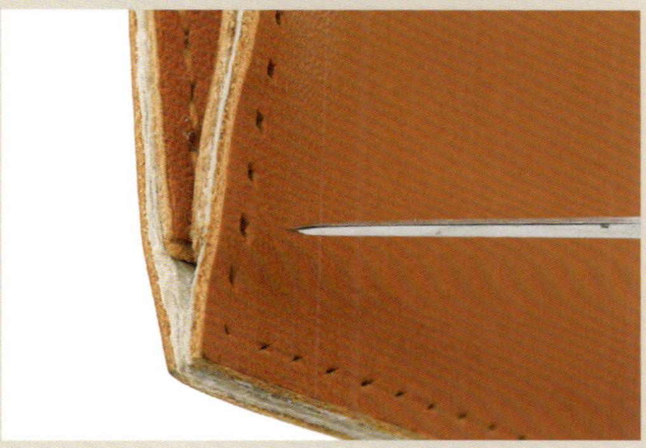

18 옆판 상단부터 하단까지 바느질한 상태. 여기서 Y자의 옆판을 넘어가야 한다.

POINT

19 옆판 아래와 바닥 1개 모서리는 원형송곳으로 구멍을 관통한다. 양면 바느질 구멍(사선)의 위치가 반대이기 때문이다. 마름송곳을 쓰면 반대쪽 구멍이 X자가 될 수 있다.

CHECK

마름송곳을 사용할 경우, 관통하지 않고 날 끝이 구멍 사이로 살짝 보일 때까지만 밀어넣는다. 이 이상 뚫으면 구멍이 X자로 난다

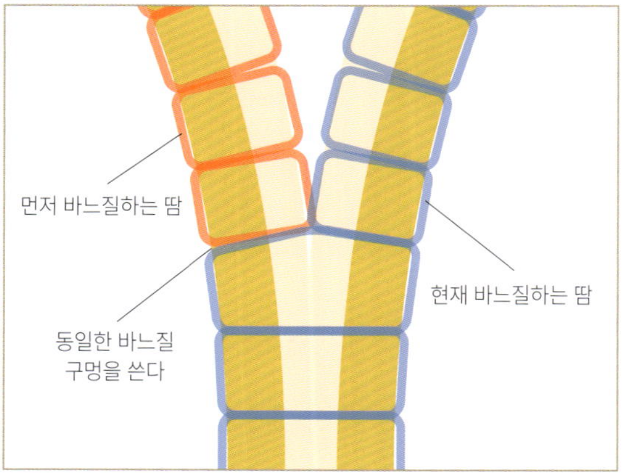

20 옆판 하단부터 그 이후는 실을 본체 반대쪽까지 통과해서 바느질한다. 통과하는 방법이 조금 복잡할 수도 있다.

이대로 바닥쪽까지 바느질을 진행한다.

21

바느질을 끝낼 때 모서리는 미리 지퍼를 달 때 꿰맨 실이 상처나지 않도록 주의

22

23 실을 태워서 마감하면 표시가 나기 때문에 두 땀 정도 반대로 바느질한 다음 구멍 사이에 실을 끼워넣고 순간접착제로 마감하는 방법을 쓴다. 그리고 실 끝을 잘라내면 된다.

24 본체를 마감한 상태

마감

바느질한 부위의 단면을 다듬고 마감하면 완성. 두께가 있으므로 단면이 눈에 띄는 디자인이다. 단면을 깨끗하게 마감하도록 신경쓰도록 한다.

바닥과 옆판 사이 꼭짓점은 1mm 정도 잘라내서 둥글게 만들어준다.

01

단면을 사포 등으로 정리한다. 대패로 깎아 단차를 없앤 후 사포로 세밀하게 다듬으면 깔끔하다.

02

엣지 비벨러를 쓰면 단면을 쉽게 둥글릴 수 있다.

03

염색제를 바른다. 염색제가 쉽게 스며드는 가죽은 베이스를 한번 발라도 좋다.

04

단면 마감제를 발라서 광택이 나도록 마감한다.

05

완성

[No.02] Cushion Cover with SLIT FASTENER

슬릿 지퍼 [쿠션 커버]

정사각형으로 자른 2장의 가죽을 안에서 바느질해서 뒤집으면 완성하는 쿠션 커버. 포인트는 쿠션을 꺼내는 입구 지퍼를 다는 순서로, 이것을 마스터하면 아무리 큰 쿠션도 자유자재로 만들 수 있다. 지퍼는 의류에 사용하는 얇은 타입을 썼다.

제작·디자인 : 레더 크래프트맨 / 사진 : 고미네 히데요

두 장의 정사각형 파츠로 만드는 심플한 구조. 색상, 사이즈로 얼마든지 다양하게 응용할 수 있다.

사각형 파츠의 네 모서리를 맞붙여서 바느질하면 완성. 1개 모서리에만 지퍼를 단다. 어려운 부분도 있지만 순서와 구조를 이해하면 간단하다. 가죽의 촉감이나 질감에 따라 느낌이 많이 달라지므로, 취향에 따라 가죽을 선택하면 좋다

PARTS 재 료

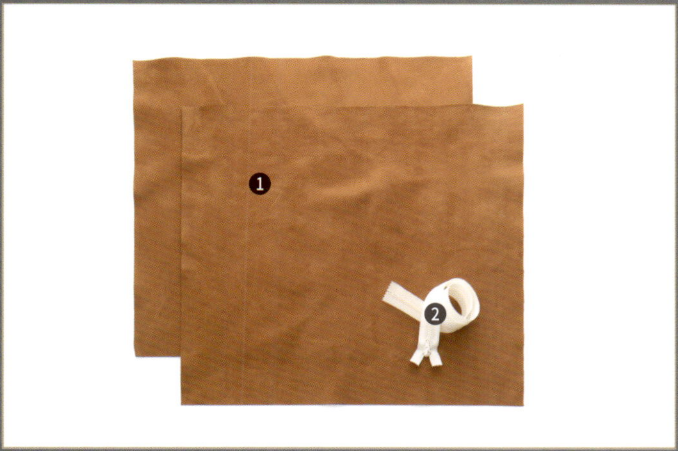

사용하는 가죽은 부드럽고 적당히 신축성이 좋은 것으로 고른다. 누벅, 사슴가죽, 또는 크롬 가죽으로 고르면 좋다. 돈피는 너무 얇으므로 추천하지 않는다

❶ 본체 : 400×400㎜의 정사각형 가죽 2장. 누벅 소가죽을 사용했다. 간단한 모양이므로 패턴은 수록하지 않았지만 두꺼운 종이를 잘라 패턴을 만드는 것이 편하다. 가죽이 부드럽기 때문에 바로 표시하면 후들거려서 정사각형으로 자르기 어렵다

❷ 지퍼 : YKK '플랫니트'라는 얇고 부드러운 타입의 지퍼를 사용했다. 일반 플라스틱 지퍼를 사용해도 무방하다. 길이는 400㎜를 준비하고 작업 도중 잘라낸다.

❸ 누드쿠션 : 수예품점 등에서 구입할 수 있는 쿠션속. 본체에 맞춰 40cm 짜리로 준비했다. 빵빵한 쿠션을 선호하는 분이라면 45cm를 써도 좋다(넣고 뺄 때 좀 힘들 수 있다)

쿠션을 넣고 빼는 입구에 지퍼를 단다

본체는 인스티치로 바느질하는데, 지퍼 주변은 아웃스티치로 고정한다. 양면테이프를 붙이고 바느질하는 순서에 유의한다. 구조를 이해하면 어렵지 않게 작업할 수 있다.

넣고 빼는 입구의 양 끝을 바느질한다

본체 내피의 사방 전체에 바느질선이 되는 10mm 폭의 선을 긋는다. 내피는 선이 잘 보이지 않기 때문에 매직 등 눈에 잘 띄는 펜으로 얇게 긋는다.

01

한 모서리 끝에 양면 테이프를 붙인다. 사진은 얇은 테이프를 2중으로 붙였는데, 8mm 폭을 사용해서 1열로 붙여도 된다.

02

다른 한 장의 본체와 꼭짓점을 맞춰 붙인다(은면이 안쪽으로 들어간다).

03

반대쪽 꼭짓점을 맞춰서 붙이고 그 사이에 있는 모서리도 붙인다. 주름이 생기지 않도록 주의한다.

04

맞붙인 모서리의 바느질선에 양 끝에서 30mm 위치를 표시한다.

05

표시에서 꼭짓점까지 바느질 구멍을 뚫고 바느질한다. 실은 잘 안보이기 때문에 어떤 색이든 상관없지만 가죽과 동일한 색을 쓰는 것을 추천.

06

07 맞붙인 1개 모서리 양 끝을 동일하게 바느질한다.

지퍼를 붙여서 단다

맞붙인 부분을 열고 양면 테이프를 떼낸다.

08

바느질한 한쪽 모서리를 끝에서 20㎜ 폭으로 선을 긋는다(바느질폭의 2배).

09

단에 2㎜ 폭의 양면 테이프를 붙이고 10㎜ 폭으로 뒤집는다.
09에서 그은 선에 끝을 맞추면 정확한 폭으로 뒤집을 수 있다.

10

본체를 바느질 땀 기준으로 열고, 반대쪽도 접어서 붙여준다.

11

양사이드에 바느질한 땀 끝의 은면에 은펜등으로 선을 긋는다.

12

POINT

13 한쪽 표시에 지퍼의 윗막음쇠 쪽의 끝을 맞춰(사진 위), 반대쪽 20mm 바깥에 표시한다(사진 아래).

13에서 그어놓은 표시에 맞춰 지퍼를 자른다. 플라스틱 지퍼이기 때문에 커터칼이나 가위로 쉽게 자를 수 있다.

14

지퍼의 잘린 부분은 라이터로 지져서 올이 풀리지 않게 처리한다.

15

뒤집은 부분 끝에 2mm 폭 양면 테이프를 붙인다.

16

가죽을 뒤집어서 은면 슬릿의 양사이드에 5mm 폭으로 바느질선을 그린다.

17

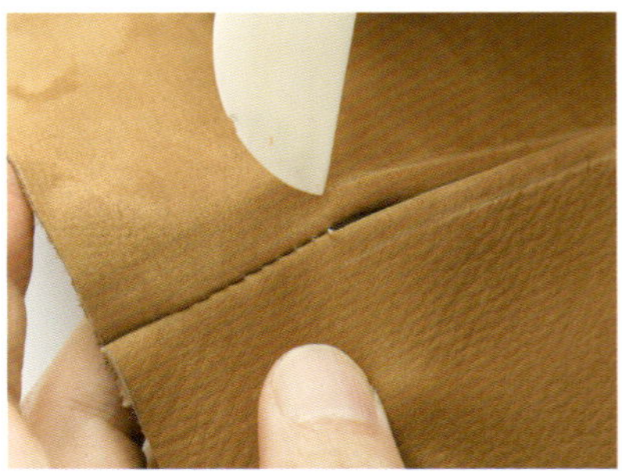

슬릿 양 끝은 바느질 땀 끝과 동일한 자리에다 선을 긋는다.

18

선을 그은 상태.
이 선이 지퍼를 바느질할 선이 된다.

19

20 선 끝의 꼭짓점은 원형송곳으로 둥근 구멍을 낸다(사진 위). 이 꼭짓점의 구멍과 슬릿 사이에 마름송곳으로 구멍을 한 개씩 뚫는다(사진 아래).

직선 부분은 일반적인 사선 목타로 바느질 구멍을 뚫는다.

21

22 바느질 구멍을 다 뚫은 상태

지퍼 윗막음쇠를 슬릿 끝에 맞춰 붙인다.

23

지퍼를 팽팽하게 늘려가며 슬릿 위에 붙여나간다. 슬릿과 지퍼의 센터가 어긋나지 않도록 주의한다.

24

지퍼를 바느질한다

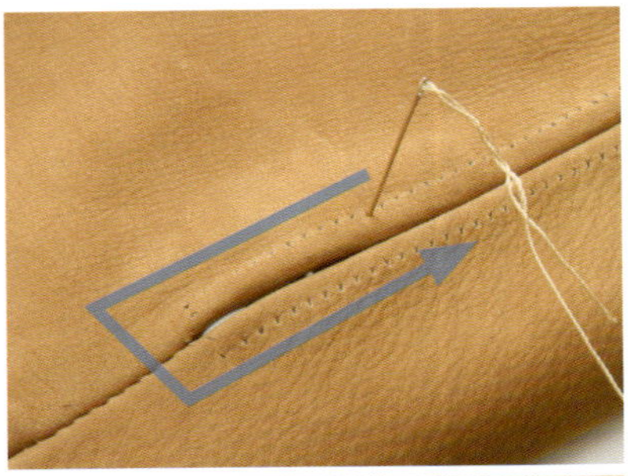

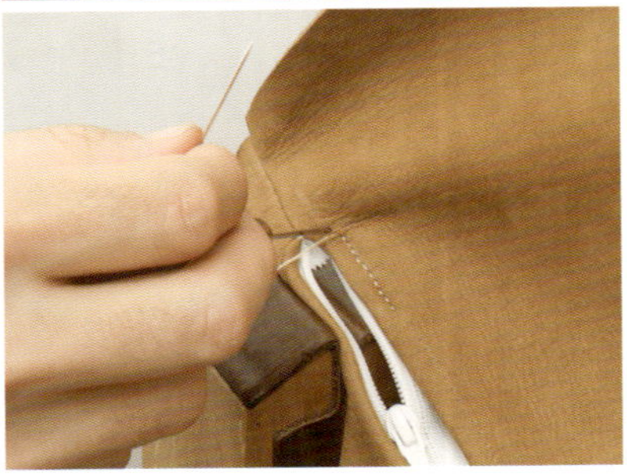

슬릿 끝 조금 앞에서 바느질을 시작해서 슬릿을 돌아서 바느질을 진행해간다. 이렇게 바느질하면 지퍼를 열 때 당기는 힘 때문에 지퍼를 단 실이 보이지 않는다.

25

POINT

26 가운데는 실을 3번 정도 돌려서 보강한다

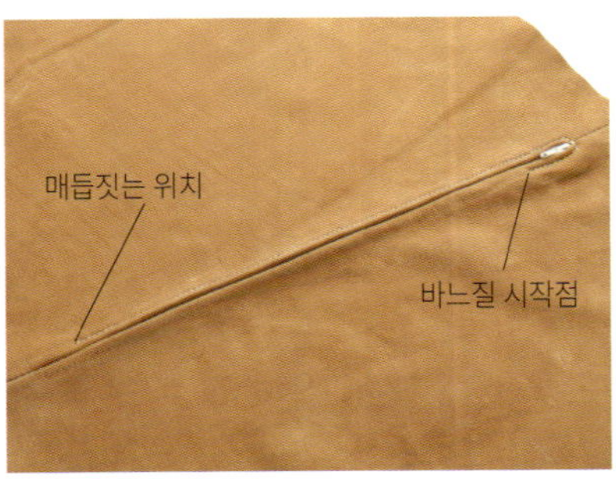

한 번에 전부 바느질하기 어려우므로 2번 정도 나눠서 바느질하면 좋다. 절반 진행한 후 실을 끊어준다.

27

남은 절반도 동일한 방법으로 바느질한다.

28

CHECK

지퍼를 닫은 상태에서 바느질하는 게 어렵다면 열고 해도 된다. 지퍼를 열고 바느질할 때는 테이프가 떨어지거나 어긋나지 않도록 주의한다.

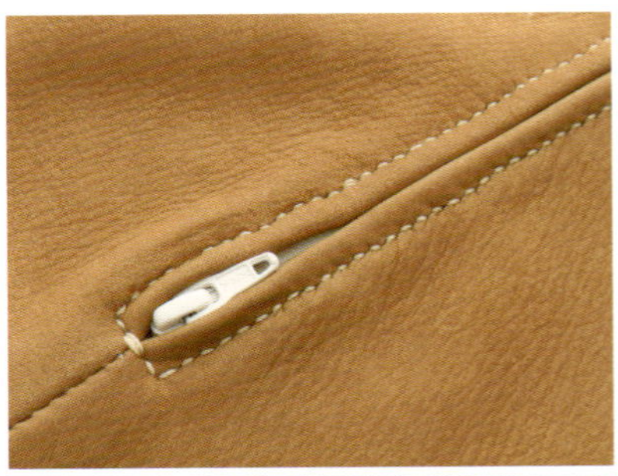

슬릿 주위 전체를 바느질한 상태. 지퍼가 스무스하게 열리고 닫히는지 체크한다.

29

본체를 봉투모양으로 바느질한다

지퍼를 단 모서리 외 나머지 3개 모서리도 맞붙이고 바느질해서 봉투 모양을 만든다. 인스티치는 바느질구멍이 보이지 않도록 주의한다.

POINT

바느질한 모서리 양 끝의 시접을 열어 양면 테이프를 뗀다.

01

남은 3개 모서리도 은면에 양면 테이프를 붙여준다.

02

꼭짓점을 맞춰 붙여준다.

03

직선부분도 붙인다. 끝에서부터 붙이면 어긋날 수 있으므로 팽팽하게 당겨서 붙인다.

04

05 전체를 붙인 상태.

바느질구멍을 뚫고 바느질해준다(역자주 : 뒤집는 디자인을 안에서 꿰맬 때는 사선 바느질을 할 필요가 없어서 원형 목타로 구멍을 뚫으면 좋다).

06

CHECK

꼭짓점은 둥글게 바느질한다. 커브가 너무 크면 쿠션이 들어가지 않기 때문에 반경 15~50mm 내에서 취향대로 바느질한다.

07 전체를 바느질한 상태

뒤집는다

바느질이 끝나면 전체를 뒤집고 쿠션을 넣는다. 뒤집으면 꼭짓점에 가죽이 모여서 우글거리기 때문에 꼭짓점을 살짝 잘라준다. 쿠션을 넣으면 완성.

POINT

꼭짓점 부분에 가죽이 모여서 주름이 생기는 걸 방지하기 위해, 바느질선에서 3mm 정도 남기고 잘라둔다.

01

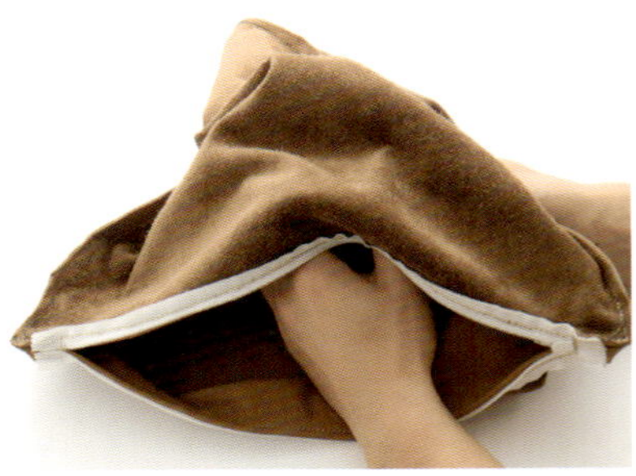

본체를 뒤집는다. 꼭짓점을 밀어넣고 어느 정도 뒤집히면 반대쪽 가운데부터 당기듯 뒤집으면 좋다.

02

꼭짓점은 바느질 땀까지 당겨낸다. 가죽이 단단해서 잘 당겨지지 않는다면 비비거나 드라이어로 열을 가하면 부드러워진다.

03

04 전체를 확실히 뒤집은 상태

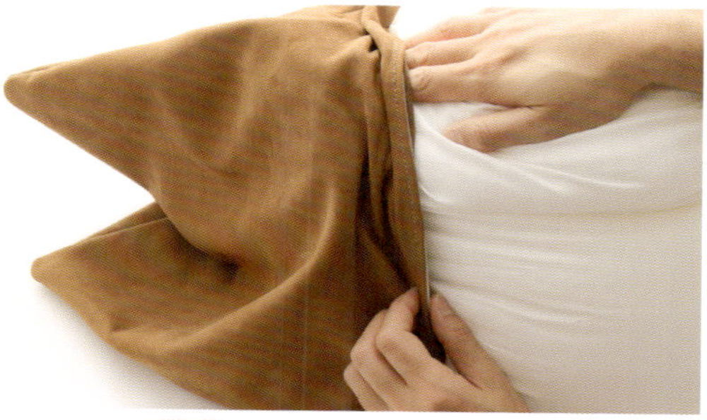

지퍼을 열고 쿠션을 넣은 다음 모양을 정리하고 지퍼를 닫으면 완성.

05

CHECK

P.59의 03, 04에서 본체를 접합할 때 본인의 로고를 각인한 태그를 중간에 끼워넣고 바느질하면 작품에 포인트가 된다.

완성

[No.03] Pen Case with CROSS FASTENER

크로스 지퍼 [필통]

대롱 모양의 본체 아래위에 동그란 바닥을 붙여 드럼통 모양으로 만든 필통. 특징적인 것은 가로세로로 2개의 지퍼를 십자모양으로 달아서 물건 넣기 편하게 만들었다는 점. 파이핑을 둘러서 장식적인 효과도 주고 형태를 잡는 기능성도 주었다.

제작·디자인 : 레더 크래프트맨 / 사진 : 고미네 히데요

옆판 가로세로로 지퍼가 열리는 유니크한 구조.
제작 포인트는 바닥에 단 파이핑.

1

2

3

1. 옆으로 뉘여서 여는 지퍼는 일반적인 드럼형 필통과 동일해서 옆으로 지퍼를 달아서 제작하면 된다. 윗막음쇠쪽 바느질땀에 다는 고리는 지퍼를 열 때 손으로 잡으면 편하다.
2. 이 작품의 제작 포인트는 바닥 파츠를 바느질하는 방법. 인스티치에 파이핑을 달아서 꿰매는데 순서가 조금 까다롭다. 가죽을 잘 골라야 한다. 잘 구부러지고 텐션도 있고, 구부릴 때 저항 없이 잘 구부러지는 가죽이 좋다. 여기서는 아리조나(교신엘르)를 1.5㎜ 두께로 피할해서 사용했다.
3. 지퍼는 일반적인 지퍼를 사용해도 좋다. 옆이 열리는 디자인은 여러 종류의 펜을 수납할 때 편리하다.

PARTS | 재 료

일반적으로 어떤 가죽이든 두께를 1.3~1.5㎜정도로 하면 만들 수 있다. 잘 늘어나거나 부드러운 가죽은 같은 두께더라도 형태가 더 잘 무너질 수 있다. 적당히 텐션이 있는 가죽을 사용하는 것이 좋다.

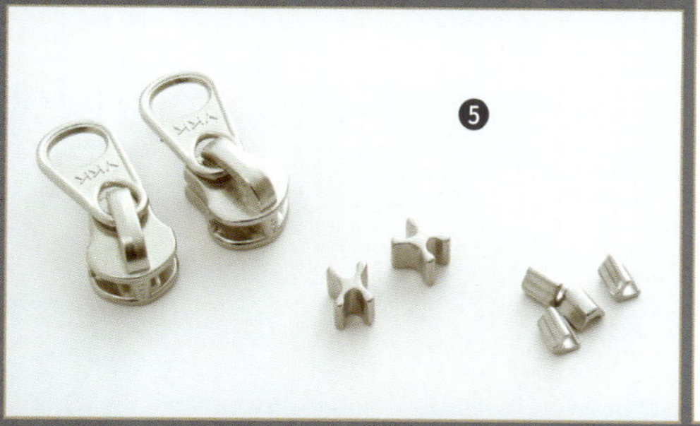

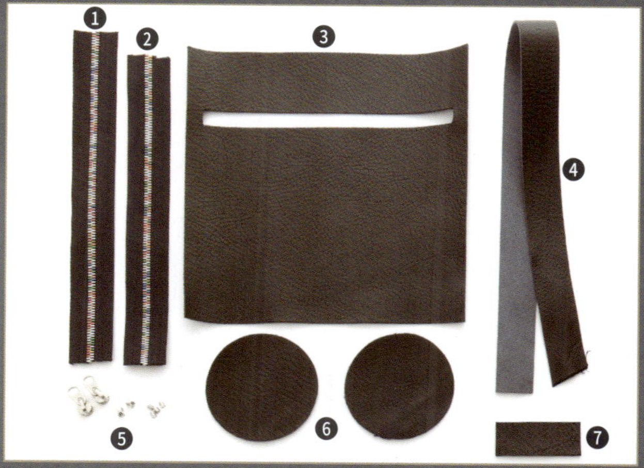

❶ 세로 지퍼 : 3호 지퍼를 사용 190㎜이상을 준비한다
❷ 가로 지퍼 : 3호 지퍼를 사용. 180㎜이상을 준비한다
❸ 본체 : 슬릿은 제작 공정 내 설명
❹ 파이핑 : 폭 25㎜, 길이 500㎜의 가죽을 사용. 작업 중간에 잘라서 사용
❺ 슬라이더 / 윗막음쇠 / 아랫막음쇠 : 2세트
❻ 바닥 / 천장 : 직경 70㎜
❼ 고리 : 20×50㎜

파츠 밑준비

바닥(뚜껑)이 둥근 부품은 원형 커터를 이용해 재단하면 좋다. 물론 가죽칼로 잘라내도 OK. 또 본체에는 꼭짓점이 둥근 직사각형의 슬릿을 잘라 둔다.

● 바닥(천장)을 잘라낸다

2~4mm 두께의 판지를 10mm 폭으로 잘라 바늘 받침대로 쓴다. 양면 테이프로 가죽에 고정한다.

01

POINT

02 판지에 원형 커터의 바늘을 찔러 원을 잘라낸다. 커터를 돌리는 것보다 가죽을 작은 매트 위에 놓고 매트째 가죽을 돌리면 부드럽게 작업할 수 있다.

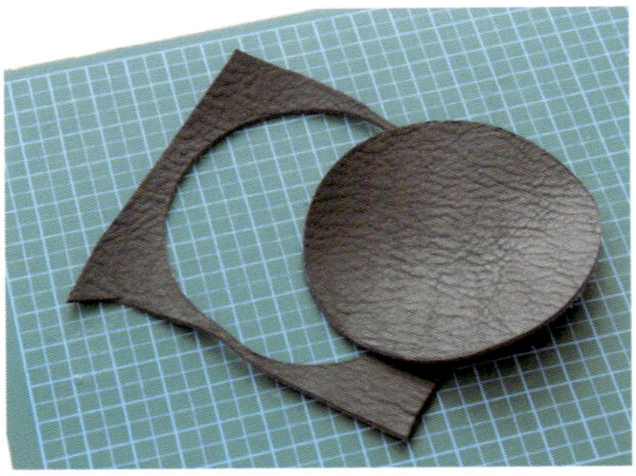

원형 커터는 다양한 크기의 원을 잘라낼 수 있으므로 구비해놓으면 편리하다.

03

CHECK

없어도 제작할 수 있지만 있으면 편리한 도구를 몇 개 소개한다. 하나는 위에서 설명한 원형 커터이다. 또 하나는 본체와 바닥을 바느질하는 부분의 바느질 구멍을 패턴에 기재해 놓았는데, 3mm 간격 사선 목타를 준비해 놓으면 패턴과 동일하게 구멍을 뚫을 수 있다.

원형 커터, 컴퍼스 커터, 서클 커터 등으로 불리는데, 수예점이나 가죽공예 도구 판매점에서 구입할 수 있다.

바느질 구멍 간격이 3mm인 날 10개 짜리 목타로 구멍을 뚫었다. 목타가 없으면 패턴에 기재된 넓이대로 마름송곳으로 뚫어도 무방.

본체 지퍼 슬릿을 잘라낸다

지퍼를 다는 슬릿은 꼭짓점을 둥글게 해서 강도를 높인다. 패턴에서 먼저 4개의 각 꼭짓점 위치를 표시하고 8호(2.4mm) 정도 펀치로 구멍을 뚫는다.

04

원형 구멍을 바깥쪽 라인으로 잡고 자를 대고 커트하면 모서리가 둥근 직사각형 슬릿을 잘라내게 된다.

05

지퍼 준비

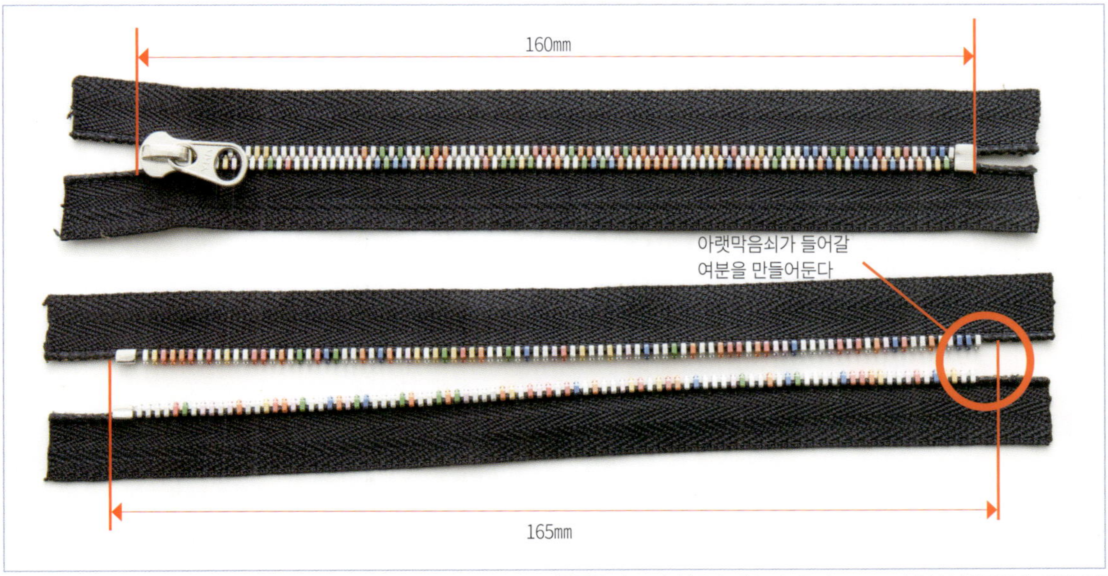

06 가로 지퍼(사진 위)는 총 길이 180mm, 사용치수(윗막음쇠~아랫막음쇠) 160mm로 만든다. 세로 지퍼(사진 아래)는 총 길이 190mm, 사용치수 165mm로 커트하고, 윗막음쇠만 달고 아랫막음쇠는 나중에 단다.

가로 지퍼를 단다

본체 슬릿에 지퍼를 붙이고 주위를 바느질한다. 안감을 붙이지 않기 때문에 난이도는 높지 않지만 깔끔하게 마감할 수 있도록 포인트마다 주의해서 작업한다.

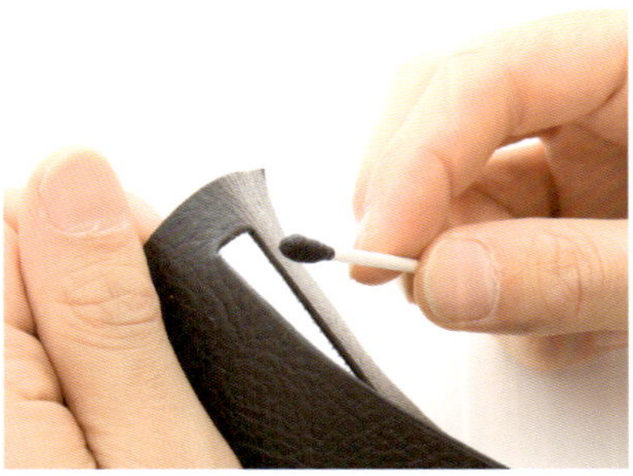

슬릿의 단면을 고르게 마감하고 염색제를 바른다.

01

POINT

02 가죽과 지퍼 사이에 틈이 있어서 내피가 들여다 보이기 때문에 염색제는 내피 3㎜ 안쪽까지 발라준다.

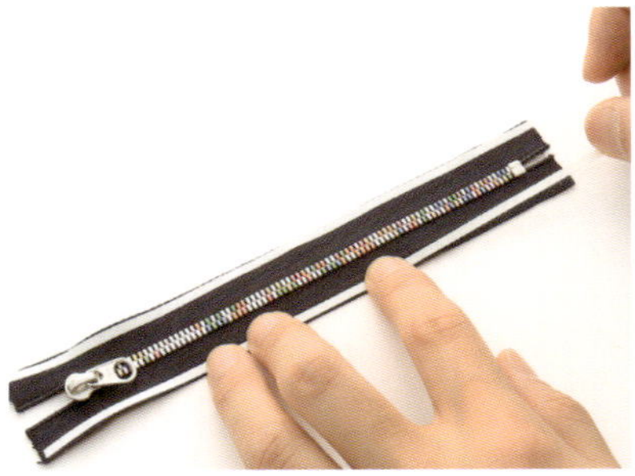

지퍼 테이프 양 사이드에 끝에서 2㎜ 양면테이프를 단다.

03

지퍼를 일자로 당겨 아래에 붙이고 이빨이 슬릿 중앙에 오도록 주의하면서 붙여준다.

04

금속 망치로 붙인 면을 두들겨 확실히 압착한다.

05

슬릿 주변에 바느질선을 긋는다.

06

POINT

07 지퍼 테이프 중앙에 맞춰 구멍을 3개 뚫는다.

그 다음 부분은 통상적인 방법으로 바느질 구멍을 뚫는다.

08

슬릿 끝 조금 앞에서 바느질을 시작해서 끝을 넘어 바느질해 나간다. 이것은 힘이 걸리는 지퍼 끝 부분에서 실을 마감하지 않게 하기 위해서이다. 실이 짧아 중간부터 새로 실을 바꾸더라도 끝은 피한다.

09

CHECK

슬릿 바느질 구멍은 지퍼를 붙이기 전에 미리 뚫으면 더 깔끔하고 균등하게 뚫을 수 있다. 07다음에 지퍼를 떼고 구멍을 뚫은 후 다시 붙여도 좋다.

바느질하기 어려운 경우는 지퍼를 열면 바느질이 쉽다. 다만 지퍼 붙인 위치가 어긋나거나 떨어지지 않도록 주의한다.

바느질을 한바퀴 돌리고 난 후에 실 매듭을 짓는다. 매듭 방법은 자유지만 눈에 띄지 않게 실 에 본드를 살짝 바른 후 구멍 사이에 넣고 보이지 않게 마감하는 방법을 추천한다.

10

구멍 가운데에 본드를 바르고 실을 당긴 후 실 끝을 잘라 넣는다. 실 끝이 보이지 않게 처리하려면 본드가 경화된 후에 원형송곳 등으로 꾹 찔러주면 좋다.

11

본체 끝보다 2~3㎜ 정도 튀어나온 지퍼 테이프를 잘라낸다.

12

지퍼 테이프의 잘린 부분은 올이 풀리지 않게 라이터로 지져준다.

13

14 금속 망치로 두들겨 실을 평평하게 눌러준다.

15 슬릿 주변을 바느질 한 상태.

세로 지퍼를 단다

본체 파츠 양 사이드에 세로 지퍼를 단다. 아랫막음쇠를 달지 않은 이유는 여기서 좌우 각각 따로따로 달기 때문이다. 아랫막음쇠 끝 바닥의 바느질 구멍도 뚫어둔다.

세로 지퍼를 붙이는 양 사이드의 단면을 사포로 다듬고 마감제를 발라준다.

01

단면에 염색제를 바를 때는 P.66의 공정 02와 동일하게 내피 안쪽까지 발라준다.

02

POINT

03 지퍼를 바느질하는 양 사이드는 슬릿과 동일한 폭, 바닥을 잇는 위아래 모서리는 5mm 폭으로 바느질선을 긋는다.

POINT

04 위아래 모서리에 바느질 구멍을 뚫는다. 이 부분은 패턴에 기재된 구멍 위치대로 마름송곳이나 3mm 간격 목타로 구멍을 뚫어준다. 끝에서 끝까지 61개 구멍이다.

양사이드의 모서리도 바느질구멍을 뚫는다.

05

06 바느질 구멍을 뚫은 상태. 아래위 바느질 구멍 개수는 나중에 바닥 바느질 할 때 중요하다.

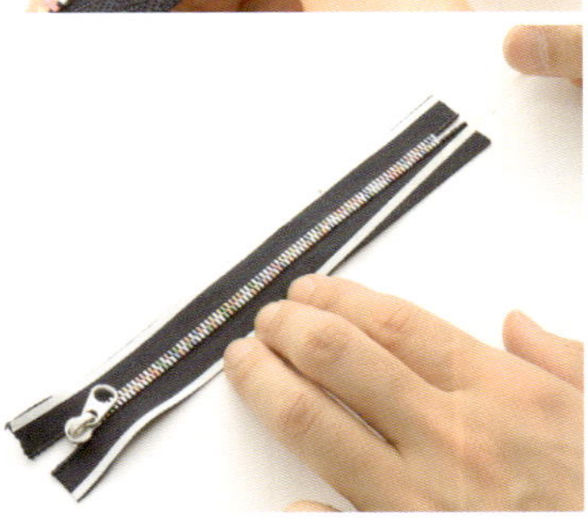

지퍼에 슬라이더를 통과하고(아래위는 달지 않는다), 지퍼 테이프 양사이드에 양면 테이프를 붙인다.

07

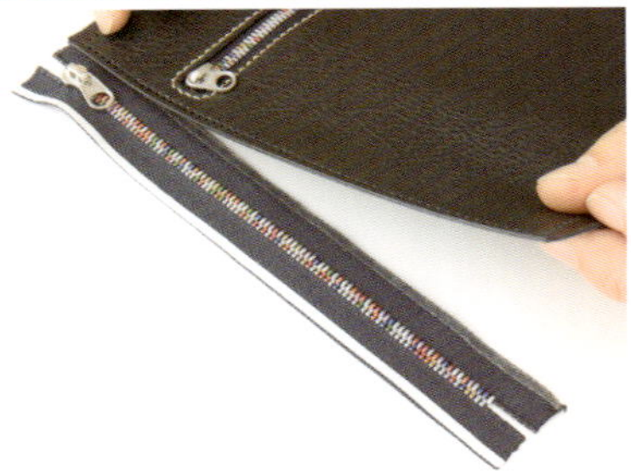

지퍼를 팽팽하게 당겨 아래에 두고 윗막음쇠가 끝에서 6㎜ 정도 들어가는 위치에 꼭짓점을 붙인다.

08

위치가 정해지면 전체를 반듯하게 붙인다.

09

본체를 대롱 모양으로 둥글게 말고 간격은 9㎜로 맞춘다.

10

위치가 정해지면 슬라이더 한쪽만 반듯하게 붙인다.

11

붙인 후 슬라이더를 한번 통과해서 좌우 균형이 맞는지 확인한다.

12

균형이 잘 맞는다면 슬라이더를 빼고 테이프를 압착한다.

13

상단에서 하단까지 바느질한다. 당기는 힘이 너무 세면 가죽이 울고 지퍼가 우글거리기 때문에 주의한다.

14

아래까지 바느질한 뒤 실을 끊는다.

15

16 반대쪽을 바느질할 때도 위에서 아래를 향해 바느질하면 힘이 걸리는 윗막음쇠 쪽이 튼튼하다.

17 가로, 세로 지퍼를 단 상태

바닥과 천장을 바느질하고 뒤집는다

본체를 대롱모양으로 하고 파이핑을 달아 바닥과 바느질한다. 손이 가는 작업이지만 구멍수를 체크하면 어렵지 않다. 작업 자체보다는 깔끔하게 마감하는 것이 어렵기 때문에 연습이 필요하다.

세로 지퍼에 아랫막음쇠를 단다

본체의 아래위로 빠져나온 지퍼 테이프를 자르고 라이터로 지져서 끝을 마감한다.

01

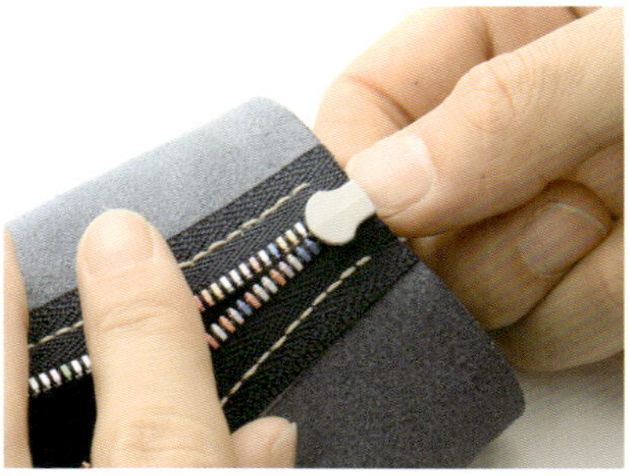

아래에서부터 슬라이더를 통과한다. 본체도 슬라이더도 뒤집기 때문에 안팎을 잘 확인하고 끼워야 한다.

02

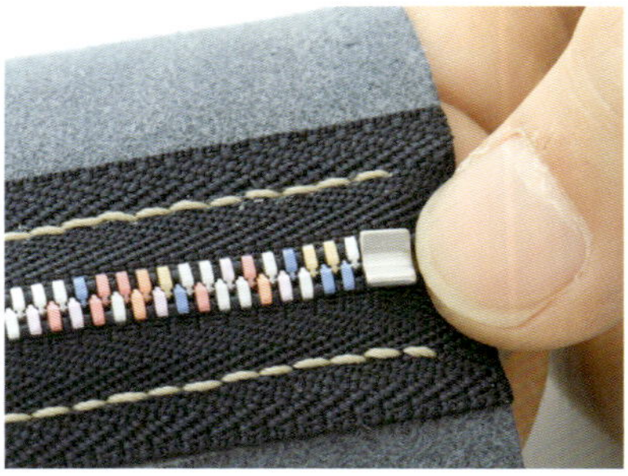

이빨에 딱 붙여서 아랫막음쇠를 붙인다.

03

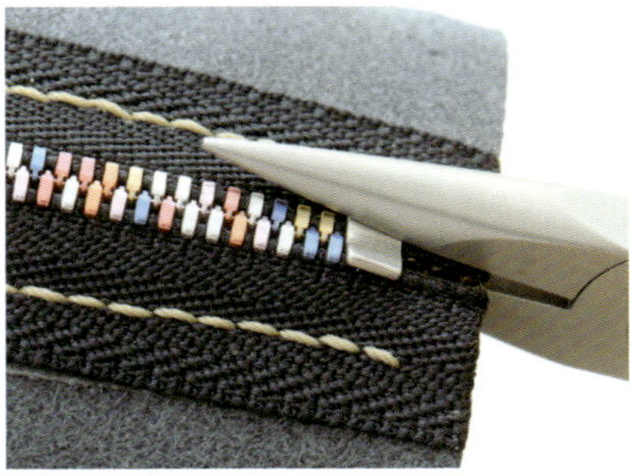

아랫막음쇠를 플라이어 등으로 눌러서 고정한 후 금속망치로 두들겨 확실히 압착한다.

04

바닥(천장) 파츠를 준비한다

POINT

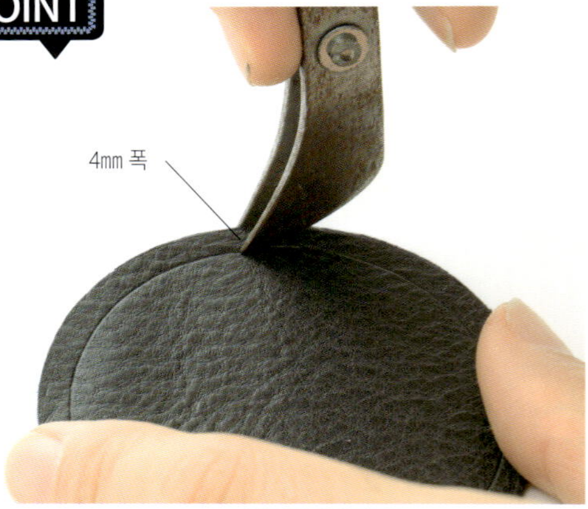

05 바닥 파츠 주위에 끝에서 4mm 폭의 바느질선을 긋고 마름송곳이나 간격 3mm 목타로 바느질구멍을 뚫는다. 패턴의 구멍 숫자는 65개.

06 바닥과 천장(파츠는 똑같다)에 바느질 구멍을 뚫은 상태.

내피 끝에서부터 6㎜ 정도의 선을 긋고 바깥을 피할해서 얇게 만들면 뒤집을 때 형태가 무너지지 않는다.

07

파이핑을 준비한다

파이핑 내피 양 사이드 끝에서 8㎜ 라인을 긋는다.

08

선 바깥을 피할해서 얇게 만든다.

09

10 파이핑 가죽 내피에 고무 접착제를 바르고 선을 맞춰가며 반으로 접는다. 이때 가운데는 꽉 접지 말고 붕 뜨게 놔둔다.

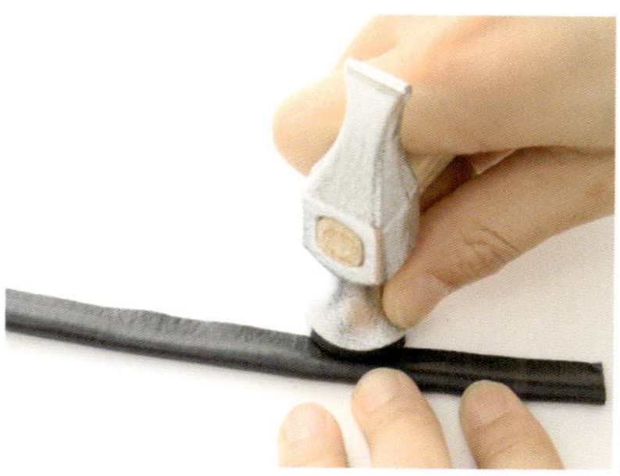

모서리 부분만 압착한다.

11

접은 부분에서 5 ㎜ 폭으로 전체에 바느질선을 긋는다.

12

바느질 선 위에 3 ㎜ 목타로 바느질 구멍을 뚫는다. 평평하지 않으므로 구멍이 비뚤어지기 쉽다. 구멍이 수직으로 뚫릴 수 있도록 주의해서 목타를 친다

13

14 한쪽 모서리만 접착면을 30㎜ 정도 벌리고 끝 15㎜ 정도를 피할한다.

고리를 준비한다

고리 양사이드 단면을 다듬는다.

15

내피 양 끝에서 20 ㎜ 정도를 얇게 피할한다.

16

끝 2㎜ 폭에 양면테이프를 붙인다.

17

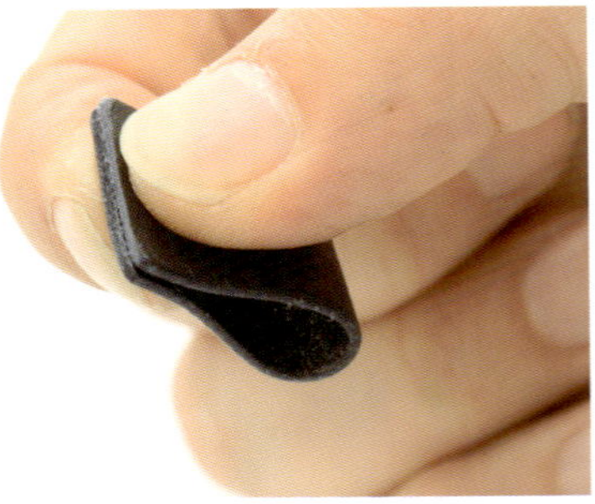

반으로 접어 끝 5 ㎜ 위치에 바느질선을 긋는다.

18

3mm 간격 목타를 사용해 6개의 구멍을 뚫는다.

19

바닥을바느질한다

POINT

20 파이핑 가죽의 접착면 벌린 부분부터 시작한다. 끝에서 40mm 정도에서 바느질을 시작해 파이핑과 바닥 파츠 구멍에 바늘을 통과하면서 위치를 맞춘다.

CHECK

본체와 바닥은 인스티치로 파이핑과 함께 바느질한 후 뒤집는 파이핑 기법을 사용한다. 익숙하지 않은 분들은 합체하는 방향에 주의한다.

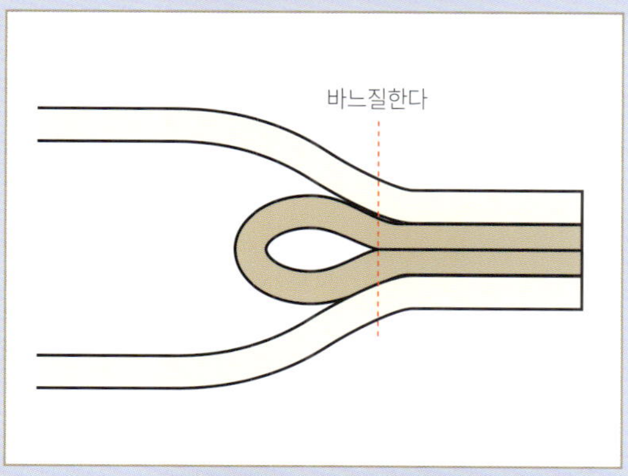

은면을 안쪽으로 놓고 파이핑도 안쪽으로 감춰지듯 겹친다. 모두 함께 바느질한다.

파이핑 바느질선이 지퍼 반대쪽에 오는 위치에 바느질을 시작한다. 바늘로 구멍 위치를 고정하면서 바느질하면 좋다(바느질 순서는 바닥과 천장 아무 곳이나 먼저 해도 관계없다).

21

바느질 구멍을 하나씩 바늘에 꽂으면서 바느질한다. 바느질의 팁은 P.77을 참고한다.

22

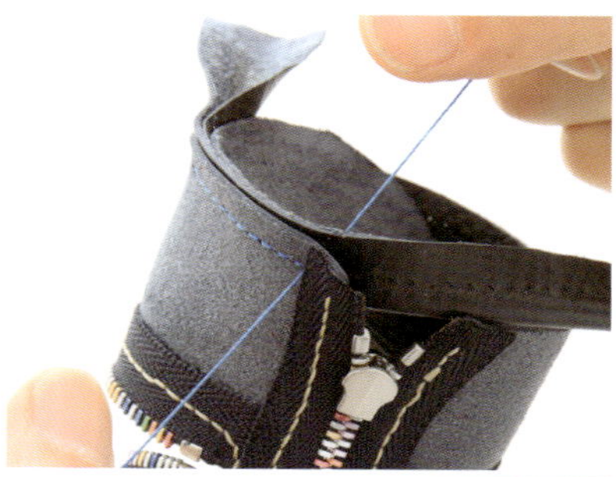

지퍼 바로 앞까지 바느질한다. 천장의 경우 고리를 안으로 끼워넣는다. 지퍼를 파이핑과 동일하게 안쪽을 향해 집어넣으면 된다.

23

본체와 고리, 각 끝의 구멍을 겹쳐서 바느질한다. 안쪽의 4개의 구멍은 바닥, 파이핑, 지퍼테이프, 고리를 함께 바느질한다. 바느질이 이중이므로 보강할 필요는 없다.

24

반대쪽 끝도 구멍을 하나 겹쳐서 바느질하고 그 다음은 일반적인 바느질과 동일하다.

25

CHECK

간략한 그림으로 고리와 본체의 지퍼 봉합 방법을 그려 보았다. 빨간 점선이 바느질 위치로, 끝에서 두 번째의 구멍부터 고리와 본체가 결합된다.

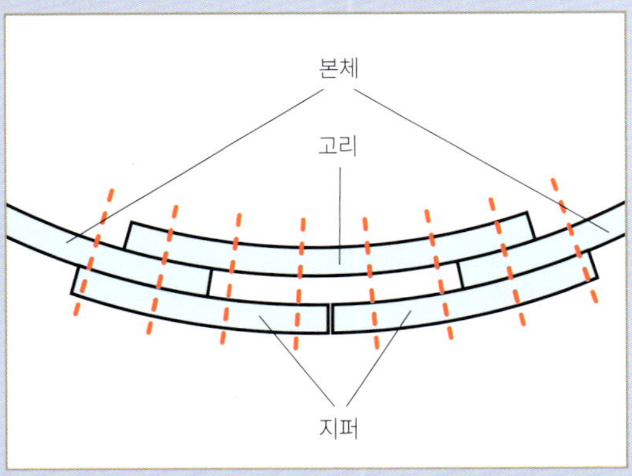

고리에 6개의 바느질 구멍을 뚫어서 양 끝의 구멍을 본체에 바느질하면 중앙 4개 구멍은 지퍼와 직접 맞닿아 바느질된다.

26 70퍼센트 정도 바느질한 시점에 파이핑 길이를 조절한다. 구멍 5개 정도가 겹칠 수 있게 길이를 남기고 잘라낸다.

잘라낸 부분의 접착면을 피할해서 P.74의14와 동일하게 얇게 만든다. 파이핑 반대쪽 끝과 겹칠 때 요철이 없고 피할한 부분이 두드러지지 않아야 한다.

27

28 파이핑 양 끝을 겹쳐서 바느질한다.

29 한 바퀴 바느질하고 실이 겹치도록 해서 매듭짓는다.

CHECK

바느질하면서 합체하는 요령

바닥, 본체, 파이핑 각 파츠는 별도로 구멍을 뚫은 후 접착제를 붙이지 않고 바느질해서 합체하기 때문에, 바느질 구멍 위치를 정확하게 맞춰 바느질해야 한다. 일반적인 바느질 방법보다 손이 많이 가지만 한번 손에 익으면 쉽게 할 수 있다.

1 구멍이 넓어지지 않도록 주의하면서 표면(오른손)의 바늘로 정확하게 꽂는다.

2 모든 구멍에 바늘을 통과한 상태로 왼손으로 꽂은 위치를 고정.

3 오른손 바늘과 일직선이 되도록 하면서 왼손 바늘을 꽂는다.

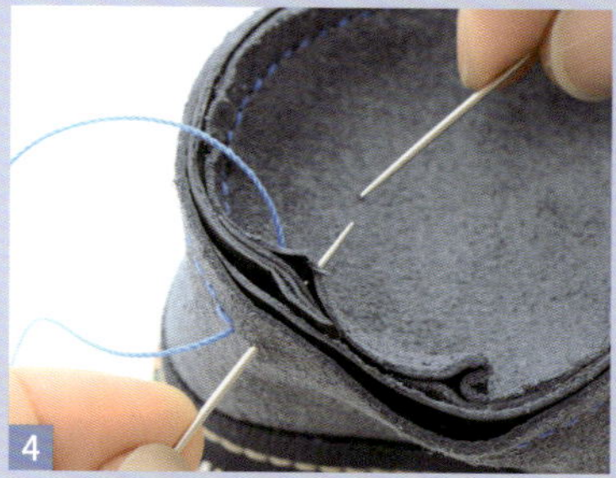

4 오른손 바늘을 조금씩 빼면서 왼손 바늘을 계속 찔러 넣는다.

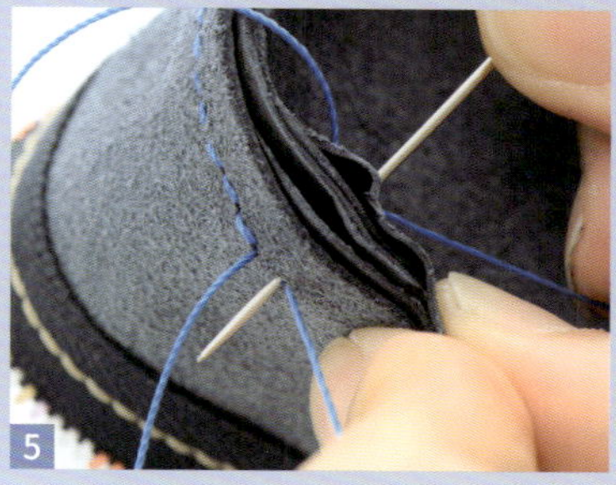

5 왼손 바늘을 완전히 통과한 후에 실을 앞으로 당기면서 오른손 바늘을 통과한다.

30 바닥과 본체를 바느질한 상태

반대쪽도 동일하게 바느질한다. 바닥은 고리가 달리지 않으므로 간단하다.

31

32 바느질 땀에서 2㎜ 정도만 남겨놓고 남은 가죽은 깎아낸다. 실이 잘리면 안 된다.

33 지퍼 테이프 단을 커트하면서 라이터로 지져서 막는다.

바닥 모서리를 누르면서 본체를 뒤집는다. 지퍼를 조금씩 열면서 뒤집으면 간단.

34

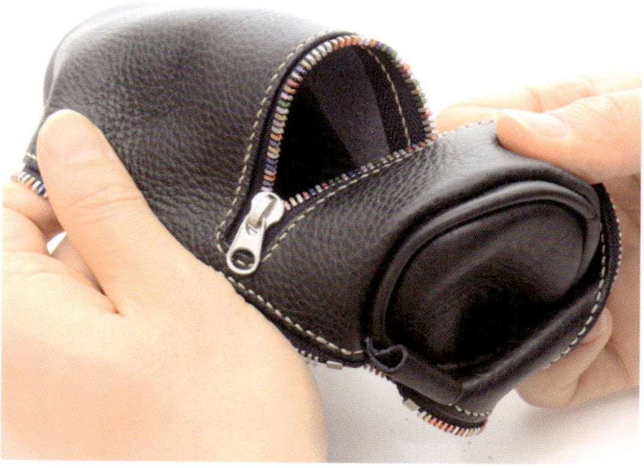

35 완전히 뒤집으면 바느질 땀을 당겨내듯 하면서 형태를 가다듬는다. 뿔헤라 등의 도구를 사용하면 깔끔하게 마감할 수 있다.

완성

[No.04] Tote Bag with TRIPLE FASTENER

트리플 지퍼 [토트 백]

본체 입구, 슬릿 타입 사이드 포켓, 내부 포켓까지 3개의 지퍼를 단 토트 백. 메인 입구는 테두리에 끼운 지퍼를 살짝 안쪽으로 감춰 고급스러운 느낌을 더해 주었다. 안감과 테두리 사이에 지퍼를 끼우는 방법을 익혀 두면 여러 작품에 응용할 수 있다,

제작·디자인 : 레더 크래프트맨 / 사진 : 고미네 히데요

가장 기본적인 토트 백 구조에 감춰진 3종류의 특징적인 지퍼에 주목하자.

1

2

3

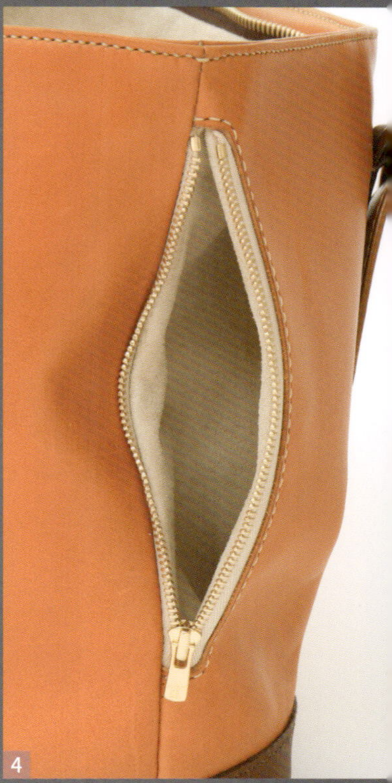

4

5

6

1. 백 본체의 구조는 별도로 쪼개진 옆판을 쓰지 않고 본체를 구부려서 두툼하게 만든 '구부린 옆판'으로 만들었다.
2. 입구 안쪽에 띠 형태로 만든 '테두리'를 달아서 지퍼를 감추는 형태. 지퍼를 본체에 직접 다는 것보다 고급스러운 인상을 준다.
3. 내부 포켓을 단 안감을 봉투처럼 따로 만들어 마지막에 본체에 넣어 함께 바느질하는 '넣어박기' 방법을 사용했다. 스탠다드한 내부 포켓은 크기를 어레인지할 수도 있고 간단하게 응용하기 쉽기 때문에 기억해두면 좋은 테크닉이다. 지퍼는 테두리와 안감에 끼우듯 위로 단다. 또한 아랫막음쇠 쪽 끝을 돌출시키면 입구가 커져서 사용하기 좋다.
4. 한쪽 옆면은 세로형 슬릿을 넣고 핸드폰이나 교통카드를 넣기에 최적의 소형 포켓을 만든다. 이 작품의 포인트가 되는 테크닉이다.
5. 바닥은 색이 다른 가죽을 쓰고, 가방발을 달았다. 가방발은 고급스럽고 내구성에도 도움이 되는 좋은 아이템. 또한 바닥면 안쪽에는 보강재를 대서 본체 형태를 잡아주고 물건을 수납하기 편하게 만들었다.
6. 손잡이는 스트랩에 버클을 달아 연결해서 길이를 조절할 수 있다. 기성품 손잡이를 달아도 좋다.

PARTS | 재료

본체, 바닥, 테두리, 손잡이 연결가죽, 손잡이, 지퍼 막음가죽, 손잡이는 전부 동일한 가죽을 사용한다. 인스티치 할 수 있고 본체가 무너지지 않게 적당한 장력을 가진 1.3~1.5mm 두께의 베지터블 가죽이 좋다. 크롬 가죽을 쓰더라도 손잡이 연결가죽만큼은 장력이 좋은 베지터블 가죽을 추천한다.여기서는 피아노 레더(그래프사, 03-5698-5511)를 원장 그대로 사용. 색은 캬라멜과 초콜렛, 안감은 스웨이드 돈피를 사용했다. 지퍼는 메인 입구는 5호, 나머지 2곳은 3호 사이즈를 사용한다.

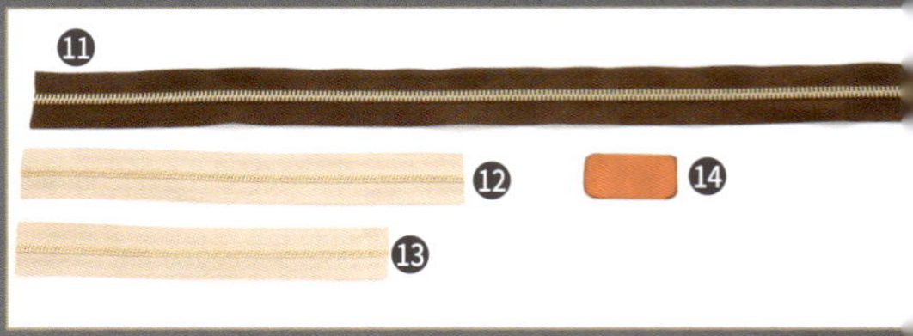

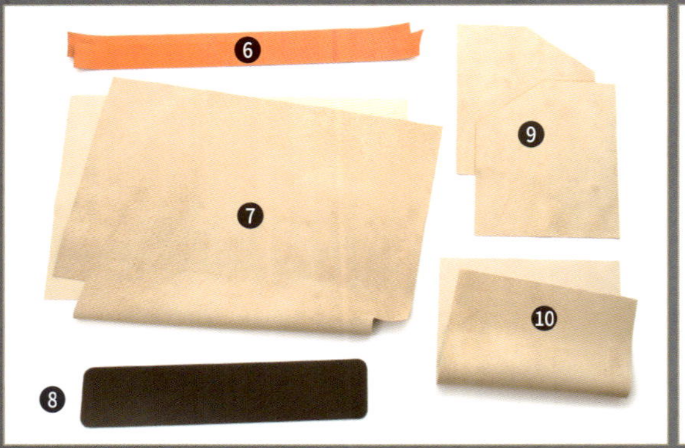

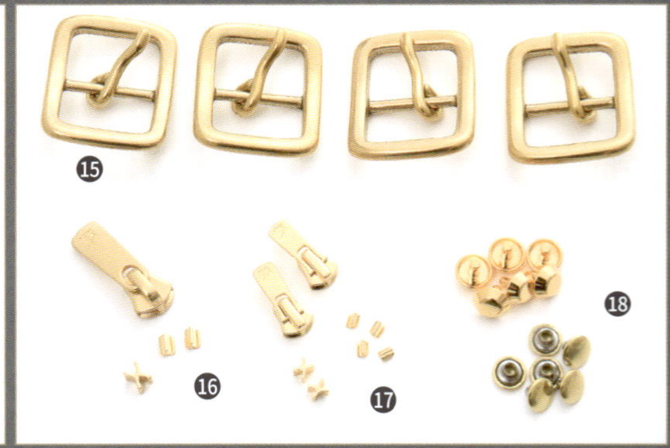

❶ 본체 : 앞판, 뒷판 2장. 상단은 시접하기 때문에 8mm 여분을 두고 얇게 피할한다. 좌우는 바느질하므로 10mm 남긴다.
❷ 바닥 : 바느질하므로 10mm 폭으로 피할.
❸ 손잡이 안감 : 패턴은 없음. 폭 28mm, 길이 764mm로 2장 준비한다. 붙인 후 자르기 때문에 겉감보다 크다.
❹ 손잡이 겉감 : 패턴 없음. 폭 24mm, 길이 760mm 크기로 2장 준비한다.
❺ 연결가죽 : 패턴 대로 4장 준비한다.
❻ 테두리 : 2장. 본체와 동일하게 피할.
❼ 본체 안감 : 패턴은 한쪽만 있다. 바닥을 연결한 형태로 대칭으로 1장 준비한다.
❽ 바닥 보강재 : 일반적인 가방용 보강재. 두께는 1.5~2.0mm를 사용.
❾ 사이드 포켓 안감 : 좌우대칭 형태로 2장 자른다(패턴을 뒤집으면 된다).
❿ 내부 포켓 안감
⓫ 지퍼(본체) : 5호 사이즈. 길이 440mm로 자른다.
⓬ 지퍼(내부 포켓) : 3호 사이즈. 길이 250mm로 잘라둔다.
⓭ 지퍼(사이드 포켓) : 3호 사이즈. 길이 200mm로 잘라둔다.
⓮ 지퍼 꼬리
⓯ 버클 : 24mm 폭으로 4개 준비한다.
⓰ 지퍼 부속품 A : 5호 사이즈용×1
⓱ 지퍼 부속품 B : 3호 사이즈용×2. 사이드 포켓 지퍼는 세로형이라서 자물쇠 타입의 슬라이더가 좋다.
⓲ 가방발 : 직경 10mm 6세트 준비한다. 디자인이나 개수는 취향대로 바꿔도 좋다.

WORKFLOW | 제작 순서

연결가죽에 버클을 끼우고 단면을 다듬는다. 4개 준비. ▶

손잡이는 가죽을 맞붙이고 바느질한다. 동일한 모양으로 2개 준비. ▶

본체와 바닥을 연결하고 각 파츠를 달면 형태가 완성된다. ▶

안감, 테두리 지퍼, 내부 포켓을 조립해서 봉투 모양을 만든다. ▶

본체, 안감 봉투, 손잡이를 연결해서 완성한다.

연결가죽을 만든다

손잡이와 본체를 연결하는 파츠인 연결가죽을 4개 만든다. 버클 핀의 두께에 맞춰 슬릿을 내고, 버클을 통과시켜 붙인다. 여기서는 바느질하지 않고 단면을 마감한다.

01 잘라놓은 파츠 내피에 보강 테이프를 붙여 늘어나지 않게 처리한다.

원형펀치로 구멍을 두 개 뚫고 커터로 선을 그어 중앙에 버클 핀이 통과할 수 있는 슬릿을 만든다. 펀치 사이즈는 핀 두께에 맞추면 된다.

02

연결가죽 단면은 사포로 깎아낸다. 슬릿 안쪽도 사포로 다듬으면 좋다.

03

슬릿 안쪽, 양 사이드에 염료를 발라 마감한다. 염료 색은 가죽과 동일 계열이되 약간 더 어두우면 좋다.

04

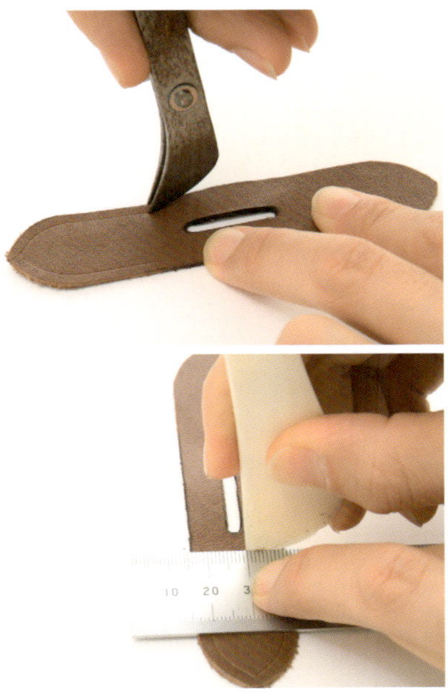

한쪽에 바느질선을 긋는다. 가운데 한쪽은 슬릿에서 5㎜ 정도 떨어진 위치에 직선으로 긋는다.

05

3개의 꼭짓점에 원형송곳으로 구멍을 내고 나머지는 사선 목타로 구멍을 뚫는다.

06

구멍을 뚫은 상태. 바느질은 나중에 본체와 연결하는 용도이다.

07

연결가죽을 버클에 통과하고 바느질 선 안쪽에 목공본드를 바른다.

08

반으로 접어서 맞붙인다. 금속 망치로 쳐서 평평하게 압착한다.

09

붙인 부분의 단면을 03~04와 동일하게 갈아서 마감한다.

10

11 동일하게 4개를 만든다. 4개 모두 동일한 형태이므로 한꺼번에 만들면 좋다.

손잡이를 만든다

가죽을 맞붙여서 손잡이를 2개 만든다. 포인트는 붙인 후 단면을 잘라내는 것. 작업 내용은 단순하지만 바느질 거리가 길고 단면 마감 부위도 넓어서 균일하게 작업하는 것에 신경 쓰자.

CHECK

붙이고 여분을 잘라내면 단면이 깔끔하다. 안감은 사방을 2㎜ 씩 크게 잘라내면 좋다.

겉감 파츠 양 끝은 연결가죽 패턴을 사용해서 칼끝 모양으로 커트한다.

01

내피에는 보강테이프를 붙여 보강한다.

02

겉과 안, 양 파츠의 내피 전체에 고무 접착제를 바른다.

03

주위 남은 폭이 균등하도록 정확하게 붙이고 롤러로 압착한다.

04

모서리 남은 부분을 칼로 잘라낸다. 잘라낸 부위는 사포로 깔끔하게 다듬는다.

05

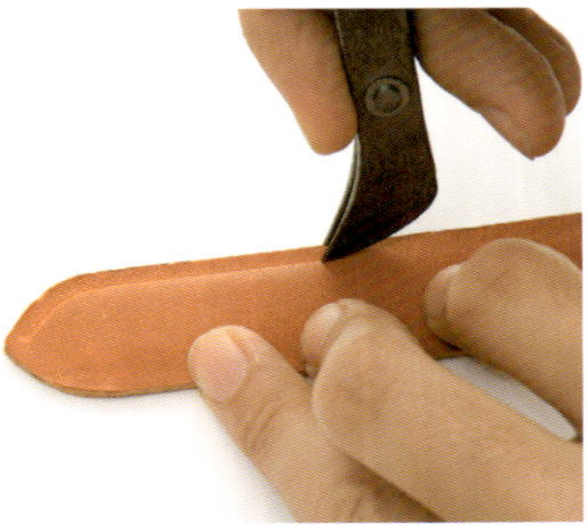

테두리 전체에 바느질선을 긋는다.

06

꼭짓점에 원형송곳으로 구멍을 뚫고 바느질 구멍은 사선 목타로 뚫는다.

07

테두리 전체를 바느질한다. 한 번 만에 바느질하는 것이 힘들면 중간에 실을 끊어서 이어 바느질해도 된다. 실은 양팔을 벌렸을 때 넓이 정도가 적당하므로 몇 번에 나누어 바느질한다.

08

사포로 단면을 다듬고 둥글게 마감한다. 엣지비벨러로 모서리를 깎아내도 좋다.

09

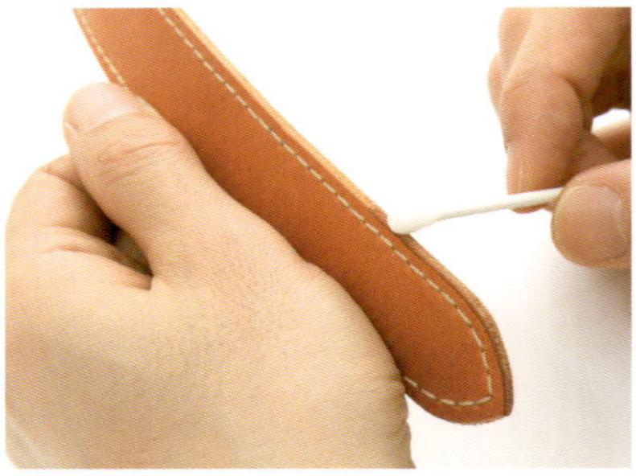

단면을 다듬고 마감한다. 염색제로 색을 칠하는 경우는 물을 칠하기 → 염료를 칠하기 → 단면을 문질러 광택을 내기 순서로 작업하면 된다.

10

11 동일한 방법으로 2개를 만든다. 동일하게 보이기 위해서는 가까운 위치의 가죽을 동일한 방향으로 잘라내고 동시에 제작하면 좋다.

본체와 바닥을 합체한다

바닥 파츠 양쪽에 본체 파츠를 연결하고 바느질한다. 바닥을 뒤집지 않는 경우는 이 단계에서 가죽을 한 장으로 잘라내서 완성해도 된다(안감과 동일한 형태가 된다).

바닥 바느질부분(본체와 연결하지 않는 부분)은 인스티치로 깔끔하게 마감하도록 10㎜ 폭으로 피할한다.

01

POINT

바깥쪽 4개 꼭짓점은 조립했을 때 가죽이 4장 겹쳐지기 때문에 추가로 삼각형 모양으로 피할한다.

02

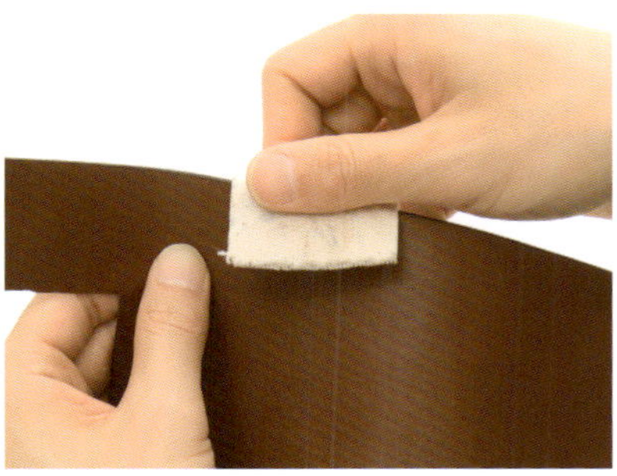

본체와 바느질하는 2개 모서리는 단면을 다듬고 마감한다.

03

앞판과 뒷판은 바닥과 바느질해서 잇는 아래쪽 은면을, 끝에서 10㎜ 폭으로 깎아서 거칠게 만든다.

04

본체는 04에서 긁은 부분에 고무 접착제를 바른다.
바닥은 내피쪽에 동일하게 10㎜ 폭으로 접착제를 바른다.

05

단을 나란히 해서 붙인다.
깎아낸 은면이 완전히 감춰질 수 있게 겹친다.

06

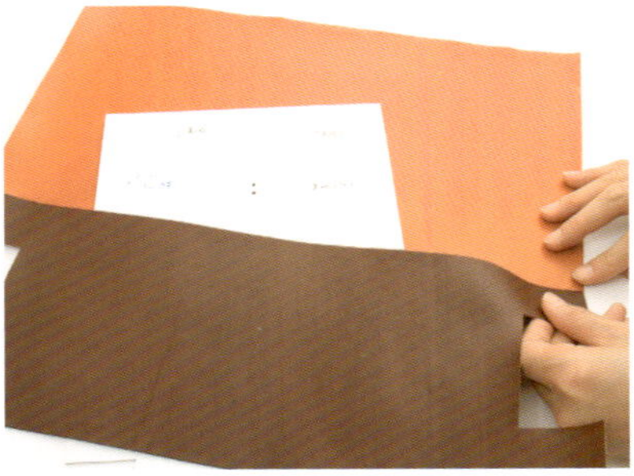

중앙 부분이 붙지 않도록 두꺼운 종이를 끼우고 반대쪽 끝도 가지런히 해서 붙인다.

07

종이를 빼내면서 울거나 휘지 않도록 중앙 부분을 붙여 준다.

08

롤러 등으로 압착한다.

09

붙인 끝(바닥쪽)에 바느질선을 그어 둔다.

10

11 바느질선 끝에서 5㎜ 떨어진 위치에 표시하고 거기서 더 안쪽에 바느질 구멍을 뚫는다(끝에서 5㎜는 본체의 바느질 끝에서 잘라버리기 때문).

바느질 구멍을 뚫고 바느질한다.

12

실은 길게 남기고 커트하고, 본체 내피면에 덜렁거리지 않도록 목공본드를 바르고 붙이면 깔끔하게 매듭지을 수 있다. 안감을 달 경우에만 가능한 방법이다.

13

바느질선을 금속 망치등으로 두들겨 평평하게 만든다.

14

15 바닥 양쪽에 본체를 단 상태

본체에 사이드 포켓을 단다

한쪽의 본체 끝에 슬릿을 만들어 지퍼와 사이드 포켓 안감을 바느질해서 포켓을 만든다. 손바느질로 응용할 때 살짝 복잡한 순서여서 조립하는 방법을 정확하게 해설한다.

CHECK

사이드 포켓의 위치는 자유롭게 정할 수 있지만 가방을 멜 때 몸이 지퍼 윗막음쇠에 닿도록 하면 좋다.

● 슬릿을 만든다

패턴 슬릿의 위치를 가죽에 표시한다. 꼭짓점은 8~10호 원형펀치로 구멍을 뚫는다. 패턴에 미리 뚫어놓고 따라 뚫으면 좋다.

01

꼭짓점의 둥근 구멍에서 모서리에 평행하게 직각으로 슬릿을 낸다. 2개의 구멍을 연결하도록 직선으로 커트하면 슬릿이 완성된다.

02

슬릿을 잘라낸 상태. 단면은 사포로 광을 낸다.

03

지퍼를 가공한다

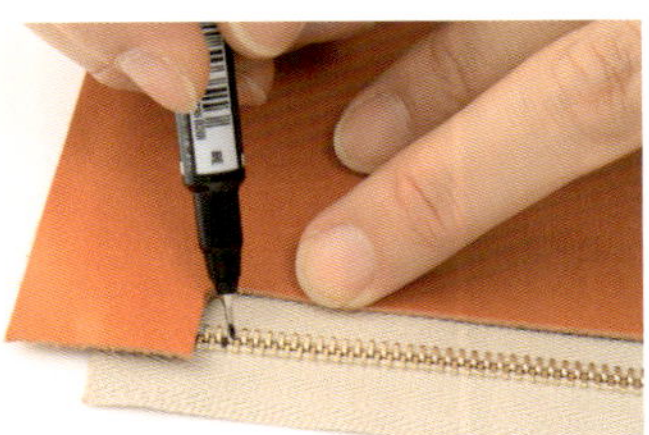

지퍼는 슬릿에 맞춰 만드는 길이에 표시한다. 양 끝에 2mm 정도 여유를 두고 윗막음쇠와 아랫막음쇠를 끼우는 스페이스도 표시해둔다.

04

표시 위치까지 이빨을 뺀다.

05

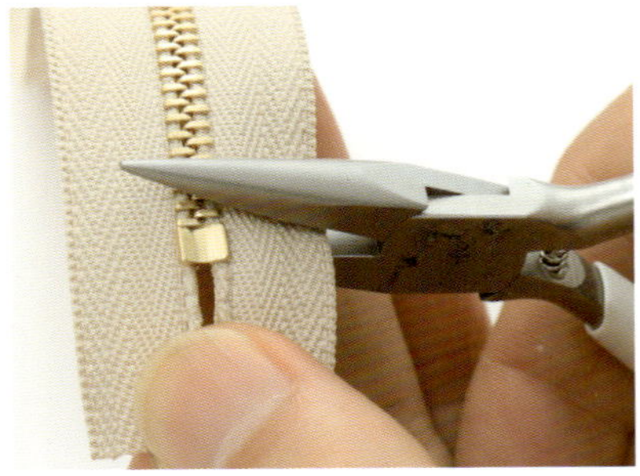

윗막음쇠와 아랫막음쇠를 단다(다는 요령은 P.176를 참고).

06

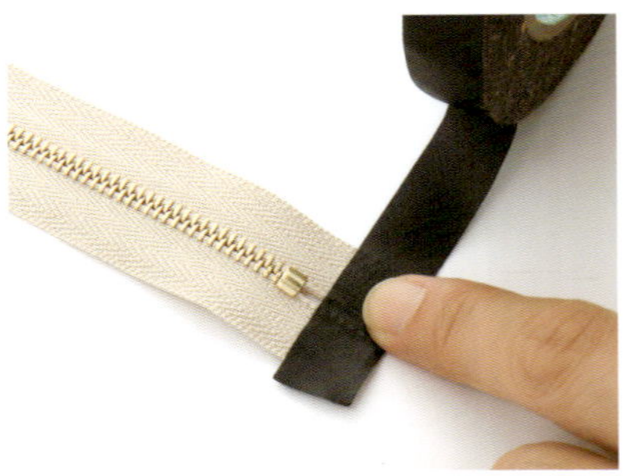

윗막음쇠와 아랫막음쇠에서 5mm 정도 떨어진 위치에 지퍼 테이프가 너덜거리지 않도록 보강 테이프를 붙인다.

07

보강테이프 여분을 잘라낸다. 이렇게 하면 지퍼 준비는 완료된다.

08

지퍼를 붙인다

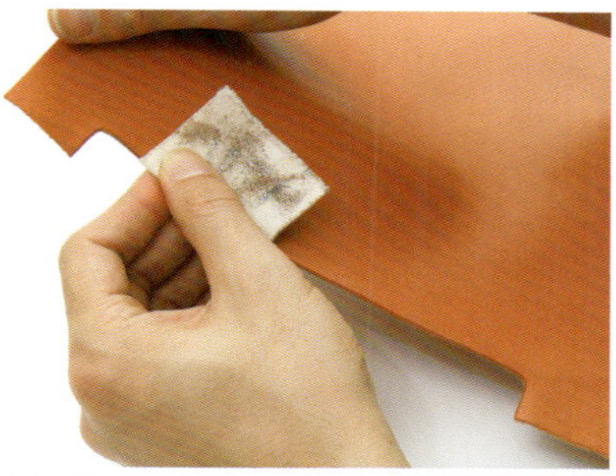

슬릿 안쪽 단면을 광택을 내고 마감한 후, 바느질선을 긋는다.

09

끝에서 5mm 위치에 원형송곳으로 구멍을 뚫는다.

10

그 안쪽에서 사선목타고 바느질 구멍을 뚫는다.

11

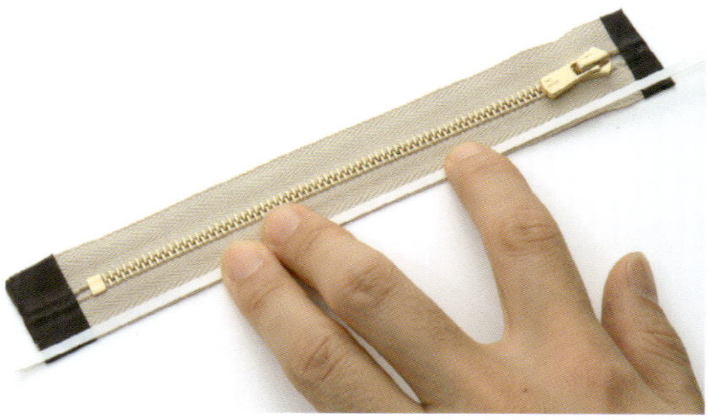

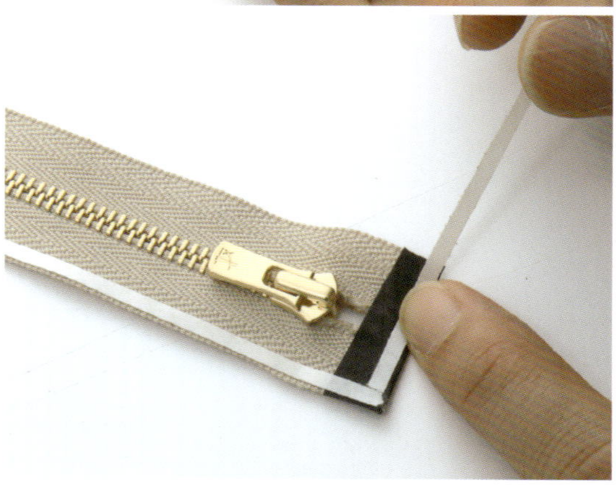

12 지퍼 오른쪽 사이드. 3개 모서리에 2mm 폭 양면 테이프를 붙인다.

슬릿에 지퍼를 붙인다. 왼쪽 끝이 없어서 어렵긴 하지만 좌우 균형을 잘 맞추도록 위치를 잡아 붙인다.

13

포켓 안감을 만든다

사이드 포켓 안감 전체 끝에 2mm 폭 양면 테이프를 바르고 겉을 안쪽을 향해 붙인다.

14

입구 이외 모서리는 끝에서 10mm 폭으로 바느질선을 긋는다.

15

입구쪽 끝은 13mm로 바느질선을 긋는다.

16

입구를 남기고 바느질선에 사선목타로 구멍을 뚫는다. 상단은 위를 향해 직각으로 바느질을 진행하고 끝에서 바느질을 끝낸다.

17

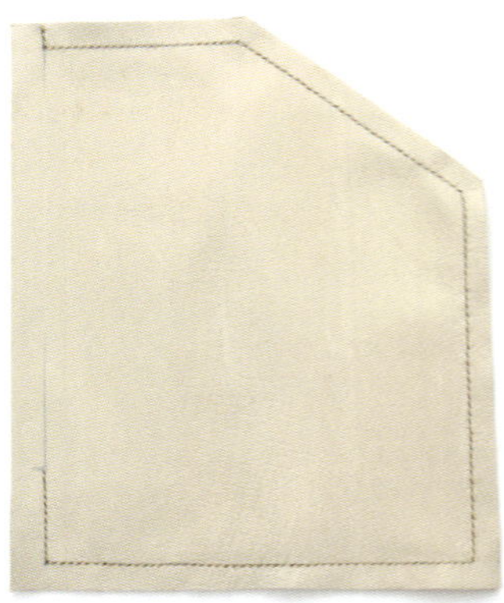

● 포켓 안감을 바느질한다

입구 모서리를 열고 양면 테이프를 바른다. 본체에 붙는 쪽을 시접하고 금속망치로 두들겨 압착한다.

18

본체에 붙인 지퍼 4개 모서리에 2㎜ 폭 양면 테이프를 붙인다

19

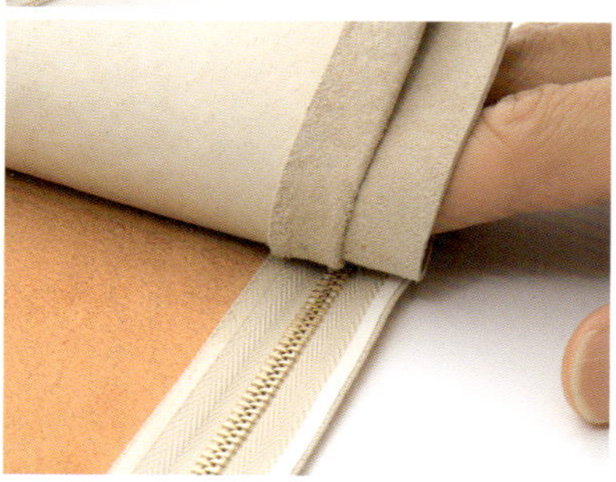

포켓 입구와 본체 슬릿 상단 일체를 합쳐(지퍼로 잘 보이지 않으므로 주의) 센터를 맞춰 안쪽 끝만 붙인다. 포켓 방향이 틀리지 않도록 주의.

20

위치가 정해지면 금속망치등으로 두들겨 압착한다.

21

다른 끝도 양면테이프를 바른다.

22

앞서 바느질 구멍 뚫은 곳을 원형송곳을 사용해 포켓까지 관통한다. 이때, 제일 끝 구멍은 포켓을 접은 상태로(사진 위), 다른 구멍은 포켓을 밖으로 꺼낸 상태로(사진 아래) 뚫는다. 포켓을 밖으로 꺼내지 않으면 엉뚱한 곳에도 구멍이 뚫릴 수 있으므로 주의.

23

관통한 구멍을 안감에서 본 상태

24

바느질의 시작점은 정확하게 한다. 먼저, 끝의 구멍에 바늘을 찔러넣는다. 사진 위가 겉감에서, 사진 아래가 안감에서 본 모습.

25

이어서 두 개째의 구멍에 바늘을 통과한 상태. 안감 바느질 구멍과 동일하다.

26

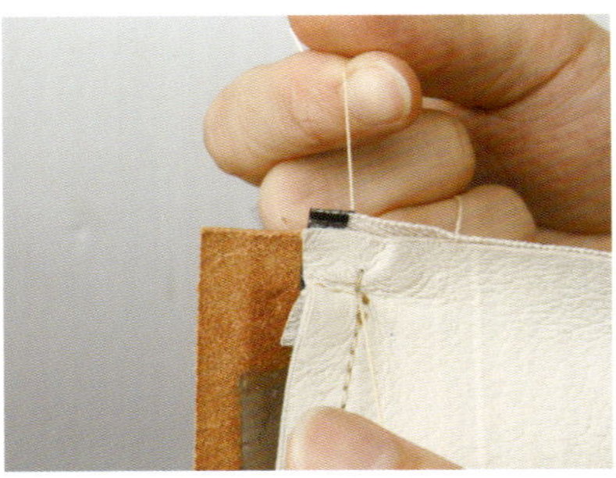

실을 당기면 한 땀 바느질한 상태가 된다.

27

다음 구멍을 바느질하기 전에 안감에 나온 바늘을 포켓 바느질 구멍에 통과해서 반대쪽으로 내보낸다.

28

이 다음부터는 일반적인 바느질과 동일하다. 25~28과 동일하게 포켓을 넘겨가며 바느질한다.

29

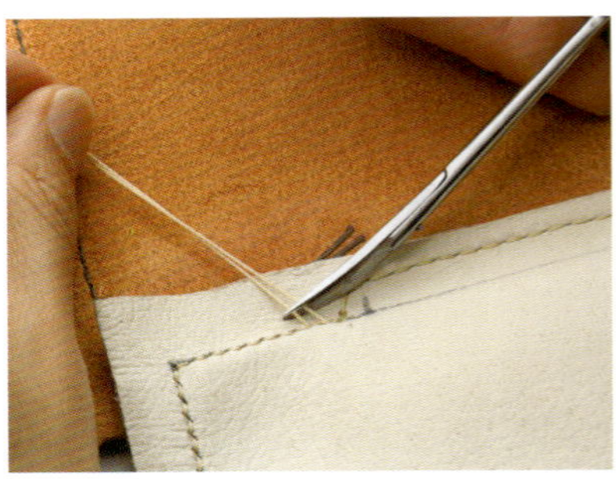

끝까지 진행한 후 반대쪽 포켓 쪽으로 실을 빼고 실을 매듭짓는다.

30

바느질을 끝낸 상태. 슬릿 왼쪽 사이드는 본체를 봉투 형태로 만들 때 함께 꿰맨다.

31

연결가죽을 바느질해서 단다

본체에 연결가죽을 달고 미리 뚫어둔 바느질 구멍을 본체까지 관통한 뒤에 바느질한다. 위치는 패턴에 표시해 두었지만 단 뒤의 본체에 정확하게 붙는지 체크해야 한다.

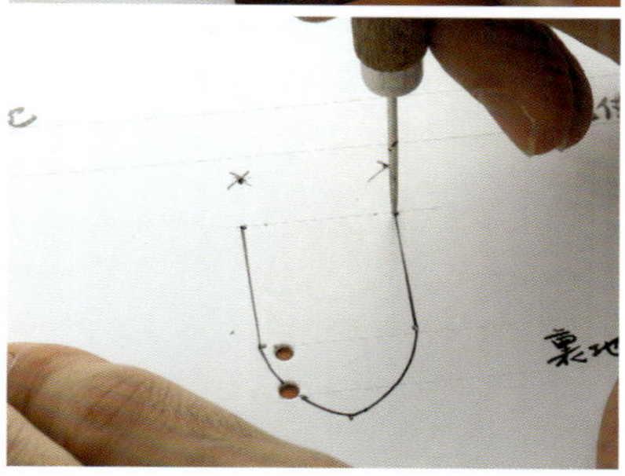

본체에 패턴을 겹치고 연결가죽 다는 위치의 모서리와 가운데 5개 장소에 원형송곳을 찔러 가죽에 표시한다.
자국이 크게 나면 안 되므로 살짝 보일 정도의 구멍으로 찌르면 된다.

01

02 표시에 연결가죽 패턴을 겹친 후 원형송곳으로 찔러 범위를 마킹한다. 약한 힘으로 긁어 살짝 보일 정도만 그려야 한다.

마킹한 범위 안쪽 은면을 긁어 접합할 부분을 거칠게 만든다.
붙인 후 보이면 안 되므로 표시보다 안쪽을 긁어야 한다. 연결가죽 안쪽도 긁는다.

03

긁은 부분에 목공본드를 바르고 꽉 눌러 붙인다.

04

본드가 마르면 각 정점에 원형송곳으로 구멍을 뚫은 뒤 본체까지 관통한다.

05

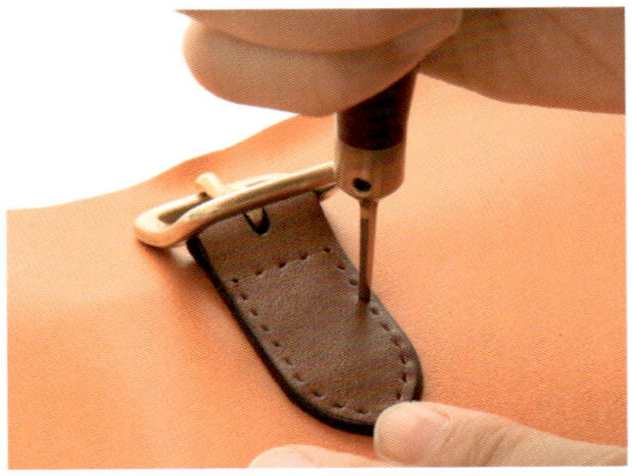

그 외의 구멍은 마름송곳을 사용해 뚫는다.

06

왼쪽 위와 오른쪽 위의 바느질 구멍에 바짝 대서 연결가죽 바깥에 원형송곳으로 구멍을 뚫는다.

07

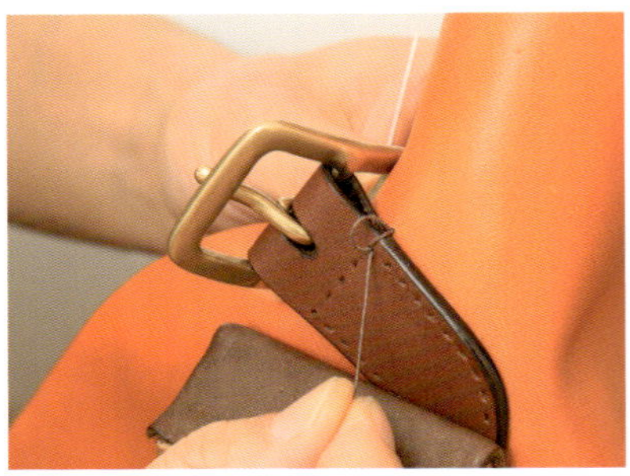

07에서 낸 구멍과 꼭짓점 구멍을 실로 두 번 관통해 이중으로 꿰맨다. 상단부터 반대쪽 꼭짓점까지 바느질한 후 왼쪽 구멍도 이중으로 실을 꿰맨다.

08

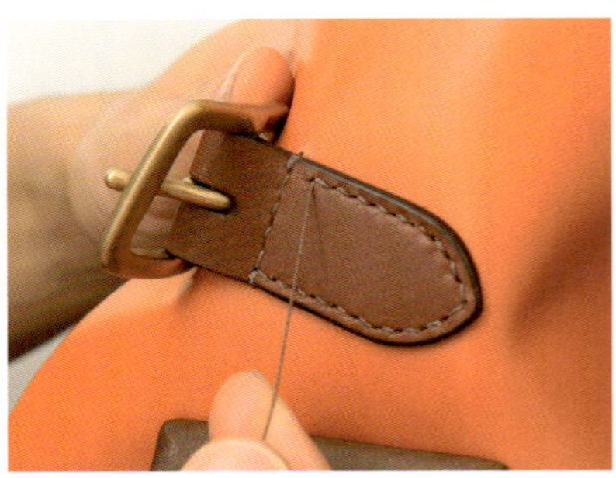

그대로 아래쪽 바느질 구멍을 꿰매서 진행한다.

09

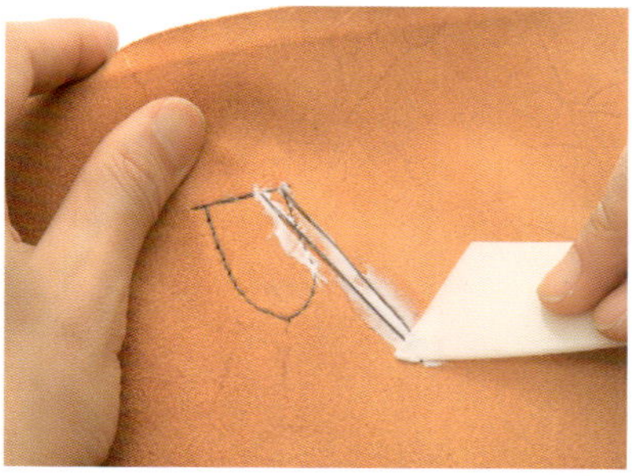

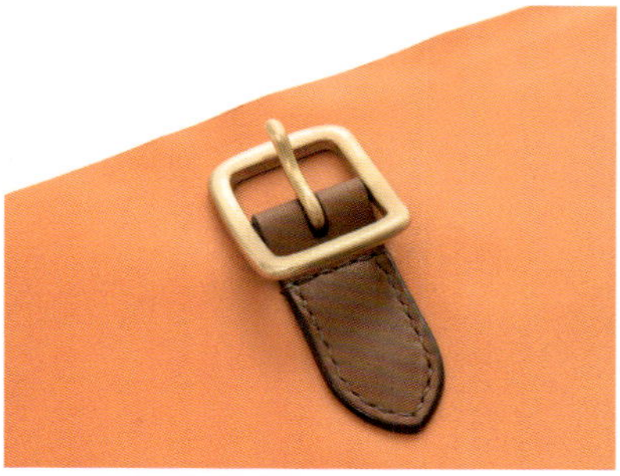

상단을 한번 더 바느질해서 보강하고 실은 처음과 반대쪽으로 빼내서 매듭짓는다. 실 매듭 방법은 P.89의 13과 동일하다.

10

CHECK

얇은 가죽을 사용할 때는 연결 가죽 붙인 뒤 내피 쪽에서 보강 테이프를 발라 보강해준다. 그리고 그 위를 꿰매면 된다.

바닥에 보강재를 댄다

바닥 부분의 내피 쪽에 보강재를 댄다. 단추 타입의 가방발만으로 고정하기 때문에 작업은 간단하다. 위치가 흔들리지 않도록 센터라인을 정확히 그어준다.

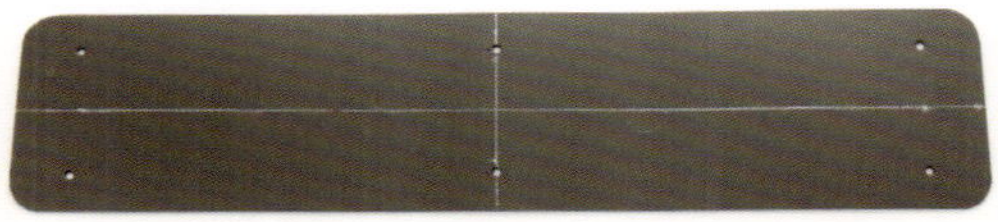

01 패턴에 기재된 센터라인에 맞춰 원형송곳을 뚫는다(구멍 사이즈는 가방발 사이즈에 맞추면 된다) 십자 센터라인을 긋는다.

본체 바닥 부분에도 십자 센터 라인을 긋는다. 이 라인을 따라 보강재를 댄다.

02

가죽에 은펜 등으로 구멍 위치를 표시하고 같은 크기의 구멍을 뚫는다.

03

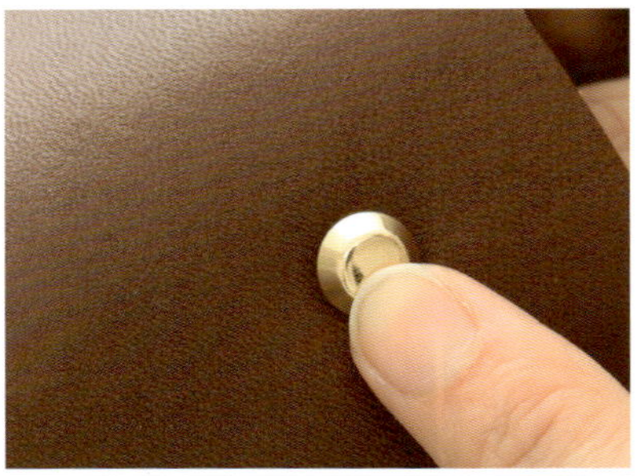

가방발은 가죽 겉면에서 보강재 쪽으로 찔러넣어서 보강재를 통과한다.

04

CHECK

가죽이 얇으면 바닥이 고정되지 않을 수 있다. 이런 때는 동일한 크기의 구멍을 뚫은 가죽 조각을 덧대면 된다.
동일한 두께의 가죽 조각과 보강재를 겹쳐 두께를 확인 후 작업한다.

안쪽에서 고정용 스냅을 박는다.

05

바닥 겉면이 변형되거나 찢어지지 않도록 목타판 위에 쿠션이 될 가죽 등을 겹치고 스냅 도구로 박아서 고정한다.

06

본체를 연결해 봉투 형태로 만든다

본체 양사이드, 바닥 꼭짓점을 바느질해서 연결하고, 시접 후 뒤집으면 백 본체가 완성된다. 뒤집는 과정에서 가죽이 손상되지 않도록 정확하게 작업해야 한다.

● 양 사이드를 바느질한다

01 본체 위 꼭짓점(4개)은 뒤집을 때 두껍지 않도록 미리 피할해둔다.

본체 끝에 양면 테이프를 붙이고 위 꼭짓점을 나란히 해서 붙인다.

02

이어서 하단 꼭짓점도 나란히 맞춘 후 이 사이를 맞붙인다.

03

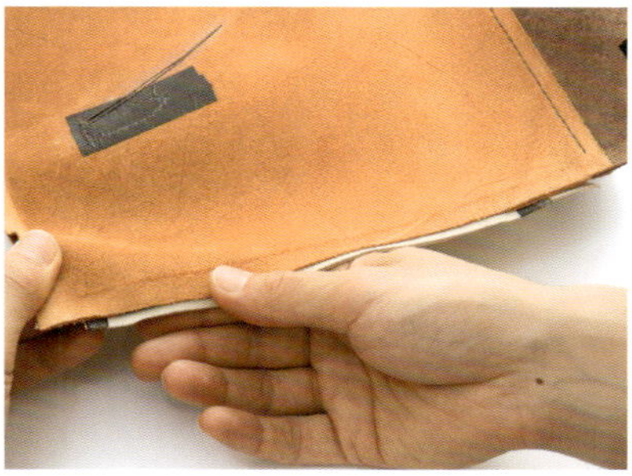

사이드 포켓의 지퍼는 본체에서 튀어나오기 때문에 본체의 끝에 맞춰 붙인다.

04

본체 끝에서 5mm 떨어진 위치에 바느질선을 긋는다.

05

바느질 선 위에 바느질 구멍을 뚫는다. 사이드 포켓의 지퍼를 붙인 범위는 상처가 나지 않도록 가죽 표면에만 목타 구멍을 뚫고 원형송곳으로 관통한다.

06

상단에서 하단까지 바느질한다. 실은 가죽 안쪽에서 매듭짓는다.

07

사이드를 바느질한 상태

08

바닥을 바느질한다

바느질 범위 끝에서 40㎜ 정도 범위를 열고 양면 테이프를 바른다.

09

바느질 범위 내피에 고무 접착제를 바르고, 좌우를 벌려 본판에 붙인다.

10

금속망치로 두들겨 압착하면서 가죽을 납작하게 만든다.

11

12 바닥쪽(바느질 땀 하단)도 동일하게 바느질 부분 바깥을 벌린다.

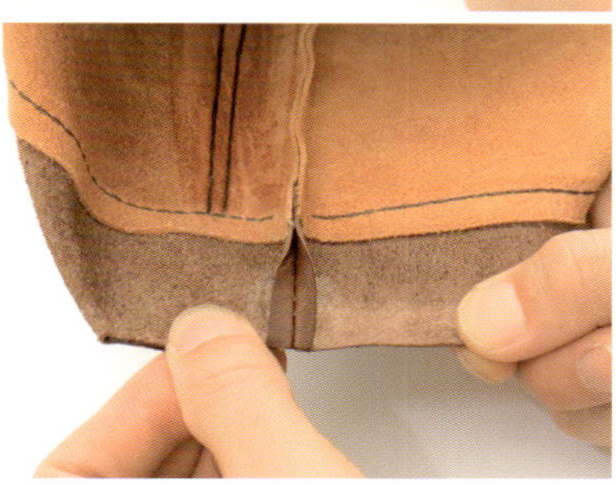

바닥 양 사이드를 벌리고 양면 테이프를 발라 붙인다.

13

끝 5mm 폭에 바느질선을 긋는다.

14

중앙의 바느질 땀을 연결하듯 2개의 구멍을 뚫고, 바깥 부분은 사선 목타로 구멍을 뚫는다.

15

바느질해서 접합한다.

16

시접해서 뒤집는다

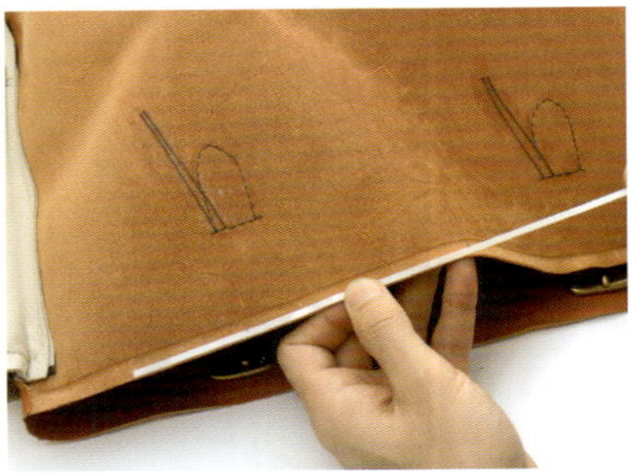

입구 주위에 양면 테이프를 붙이고 8mm 폭을 그은 후 접는다.

17

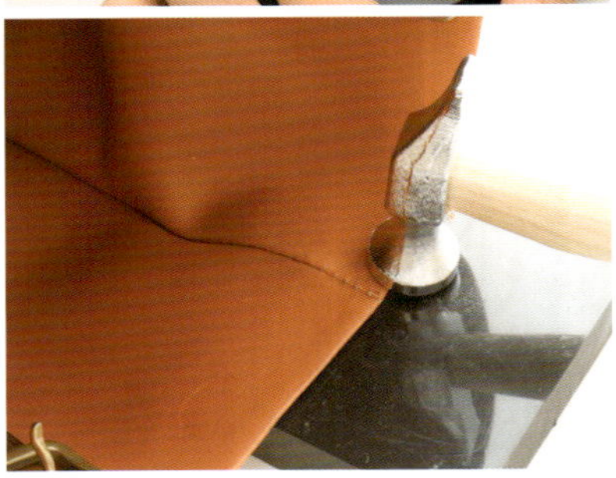

시접한 부분을 금속 망치로 두들겨 압착하면서 두께를 줄인다. 바느질 땀 부분은 가죽이 겹쳐져 두꺼워져 있으므로 더욱 신경써서 두들긴다. 바느질 땀이 망가지지 않도록 상태를 보면서 납작하게 만든다.

18

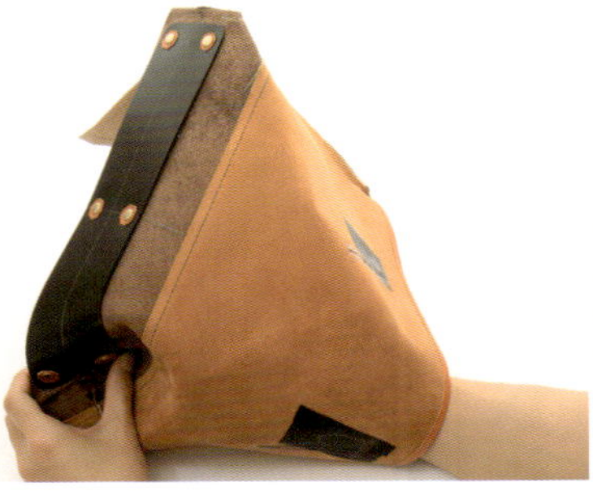

시접한 후 본체를 뒤집는다. 먼저 바닥 한쪽 꼭짓점을 누르면서 안으로 밀어넣는다.

19

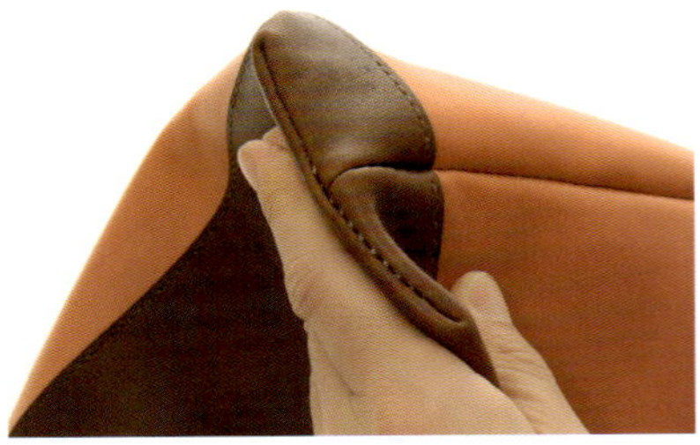

이대로 전체를 뒤집고 꼭짓점의 바느질 땀까지 확실하게 빼낸다. 너무 당겨서 주름이 지거나 금속 장식에 상처가 날 수 있으니 주의한다.

20

처음에는 바느질 땀이 원래로 돌아가려는 성질이 있으므로 눌러주면서 형태를 만들어 준다. 전체 형태를 체크하면서 모양을 만들면 된다.

21

테두리, 지퍼, 본체 안감을 바느질 한다

지퍼를 중간까지 가공한 상태에서 테두리, 안감과 함께 바느질한다. 아랫막음쇠 쪽은 끝에서 조금 앞까지 열어둔 상태에서 붙인다. 완성된 형태를 머릿속에 그리면서 작업하면 편하다.

● 지퍼를 가공한다

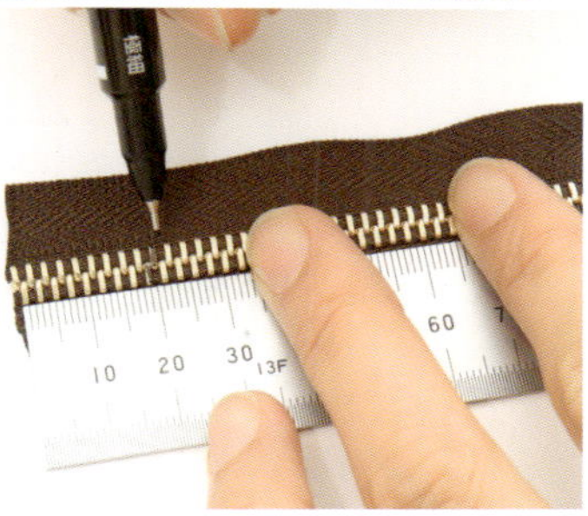

본체용 지퍼는 양 끝에서 20mm 위치까지 이빨을 빼야 하므로 자를 대고 표시한다.

01

02 표시 바깥쪽의 이빨을 빼고 슬라이더를 통과한 후 윗막음쇠를 단다. 아랫막음쇠는 작업 마지막에 단다.

지퍼 테이프 안쪽 면의 윗막음쇠보다 바깥쪽에 고무 접착제를 바르고, 바깥에서 삼각형으로 접는다.

03

튀어나온 테이프는 칼로 잘라준다.

04

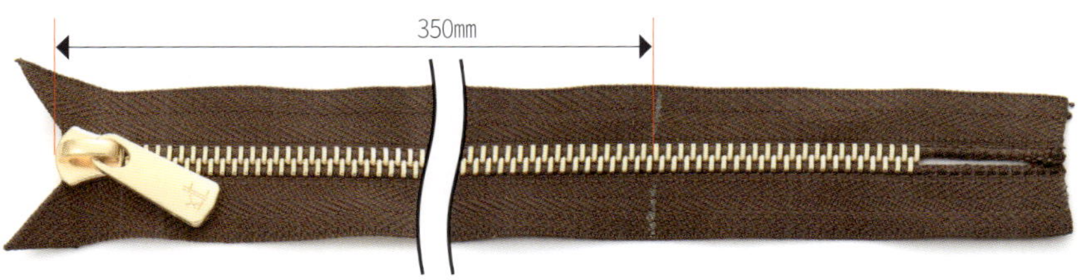

윗막음쇠 끝에서 350mm 위치에 표시한다. 이빨 끝에서 50mm가 된다.

05

맞붙인 후 바느질하기

06 테두리 하단 끝의 은면을 끝에서 2~3mm 폭으로 긁어낸다. 더 안쪽까지 깎으면 눈에 띌 수 있으므로 자를 대고 깎아내면 좋다.

하단 끝의 내피에 5mm 폭 바느질선을 긋는다.

07

끝에서 5mm 떨어진 위치에 원형송곳으로 구멍을 뚫고 구멍보다 안쪽 범위에 사선 목타로 바느질 구멍을 뚫는다.
여기서는 내피에서 바느질하기 때문에 구멍도 내피에서 뚫는다.

08

테두리 4개 꼭짓점을 얇게 피할한다.

09

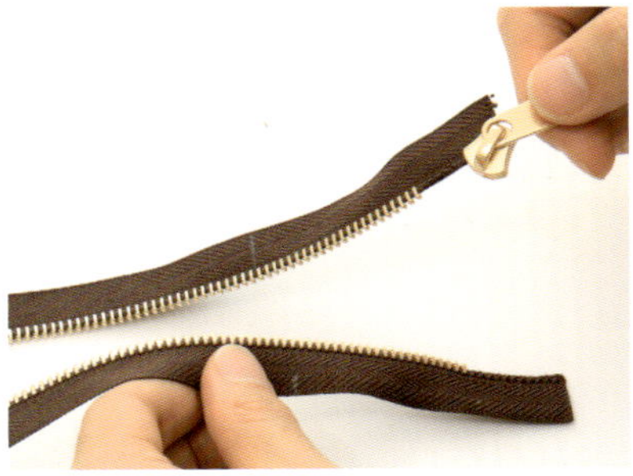

슬라이더를 빼고 지퍼를 분리한다.

10

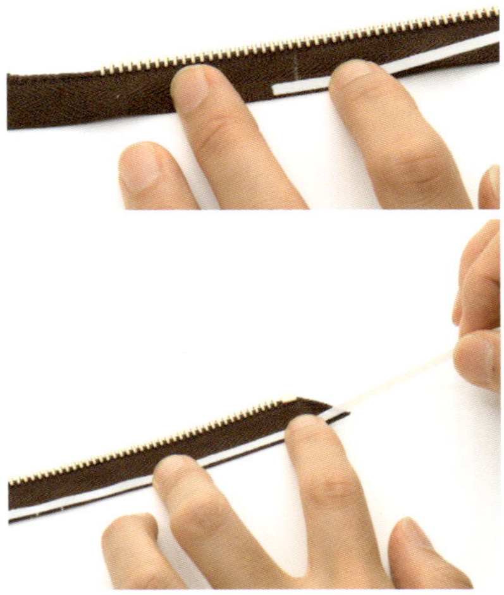

지퍼 테이프 끝(표면)에 앞 페이지 05에서 표시한 위치부터 윗막음쇠 끝까지 2mm 폭으로 양면 테이프를 붙인다.

11

윗막음쇠를 패턴에 기재한 [지퍼 윗막음쇠 위치(끝에서 25mm)]에 합쳐서 붙인다.

12

POINT

그대로 테두리의 하단에 대고 붙여나간다. 패턴에 기재된 [지퍼 끝나는 위치(끝에서 45mm)]에서 위로 꺾어서 뺀다. 꺾는 위치는 P.103의 05에서 지퍼에 표시한 위치와 일치하는데, 살짝 어긋나도 문제는 없다.

13

지퍼 테이프 위에서 테두리 하단 끝에서 끝까지 양면테이프를 붙인다.

14

본체 안감의 끝을 나란히 하고 위를 향해 붙여나간다. 인스티치이기 때문에 겉면을 안쪽으로 맞대고 붙여야 한다.

15

앞에서 양 끝을 나란히 하고 붙이고, 그 사이 범위도 구부리면서 붙여나간다.

16

테두리에 뚫어놓은 바느질 구멍을 원형송곳을 사용해 안감까지 관통한 후, 바느질한다. 안감의 반대쪽도 동일하게 테두리와 지퍼를 단다(좌우 대칭이 되므로 주의한다).

17

안감에 내부 포켓을 단다

안감에 슬릿 구멍을 내고, 지퍼, 안감을 바느질해서 내부 포켓을 만든다. 어떤 가방에도 응용할 수 있는 베이직한 포켓 달기 방법이므로 꼭 기억해 두자.

01 내부 포켓용 지퍼는 마감했을 때 200mm로 맞춰 윗막음쇠와 아랫막음쇠를 단다.

02 지퍼 슬릿 안쪽에 2개의 Y자를 뒤집은 모양을 그려놓는다(패턴에 기재되어 있음).

슬릿에 닿는 부분의 안감에 슬릿보다 넓은 범위에 걸쳐 고무 접착제를 바른다.

03

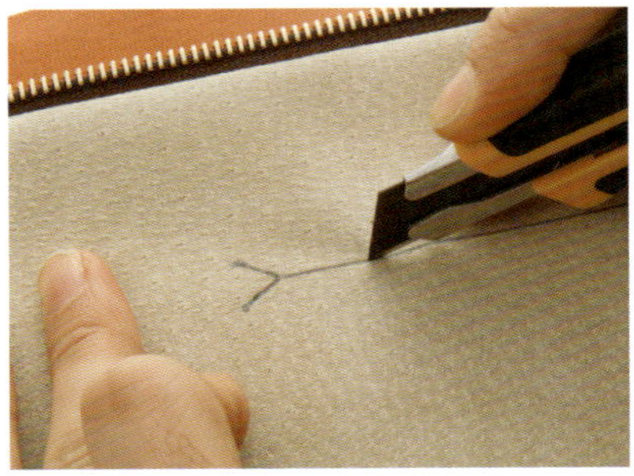

02에서 그린 선을 따라 칼집을 낸다.

04

슬릿 양 끝은 삼각형으로, 안감 쪽을 향해 접는다.

05

슬릿 상하를 시접한다. 먼저 자를 대고 금을 그어 뒤 접기 편하게 자국을 낸 후 안쪽으로 접는다.

06

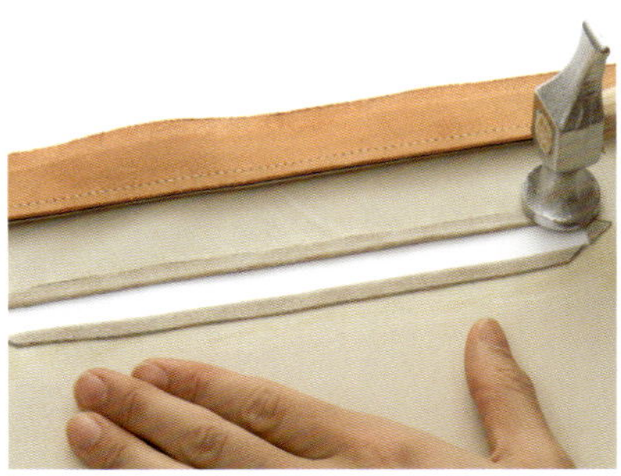

슬릿을 상하 좌우로 접은 후 금속 망치로 두들겨 눌러 두께를 줄인다.

07

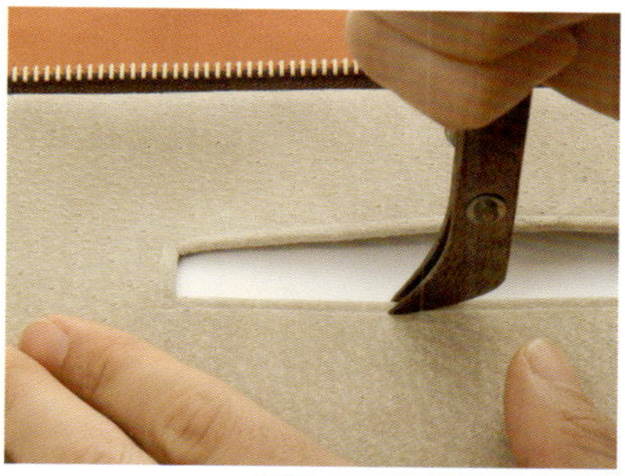

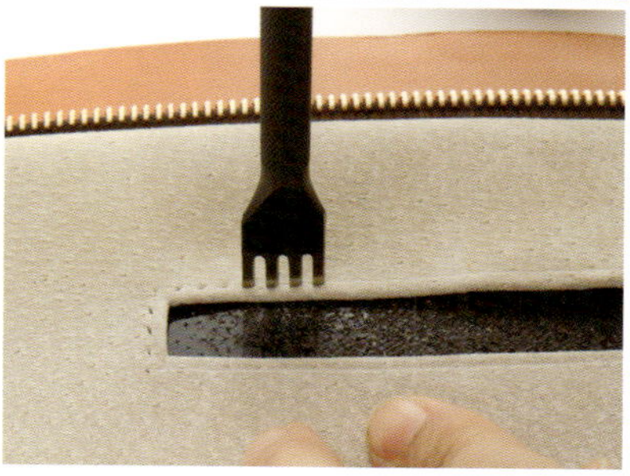

슬릿 주변에 겉에서 바느질선을 긋고 사선 목타를 사용해 바느질 구멍을 뚫는다.

08

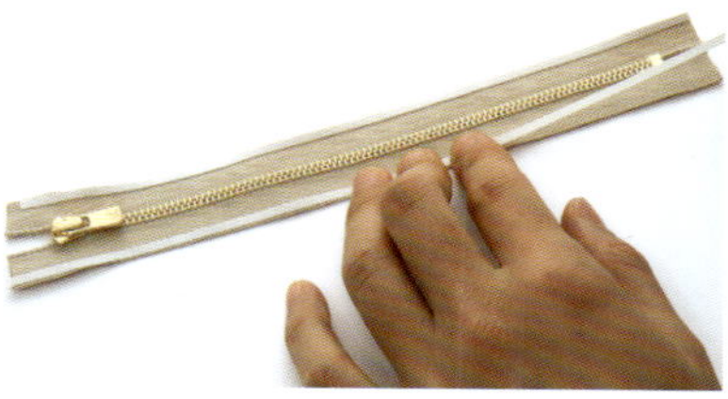

지퍼 표면 양사이드에 2mm 폭 양면 테이프를 붙인다.

09

지퍼를 늘려서 작업대에 놓고 슬릿을 아래로 해서 붙인다. 지퍼 이빨이 슬릿 안쪽으로 쏠리지 않도록 주의.

10

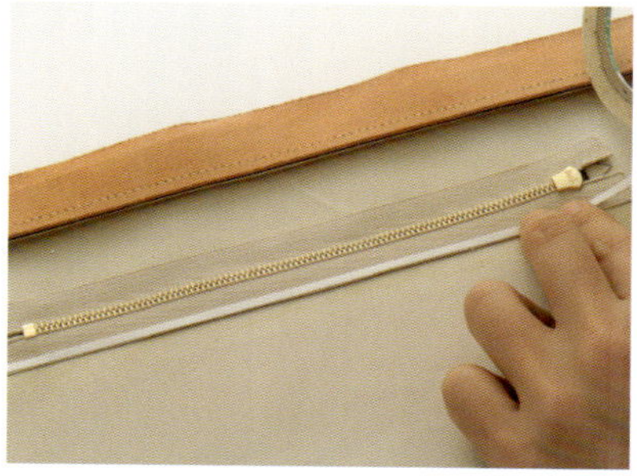

뒤집어서 안쪽 면을 올려놓고 지퍼의 아래쪽에 양면 테이프를 붙인다.

11

내부 포켓 안감의 아래쪽과 지퍼 하단을 나란히 하고, 위쪽을 향해 붙인다. 내부 포켓은 포면을 붙이기 때문에 주의(사진은 표면이 보이게 놓은 상태).

12

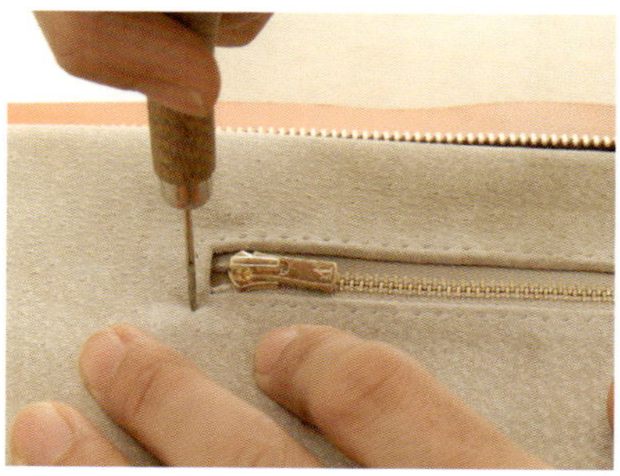

슬릿 하단의 한 줄만 겉에서 바느질 구멍을 원형송곳으로 찔러서 관통한다.

13

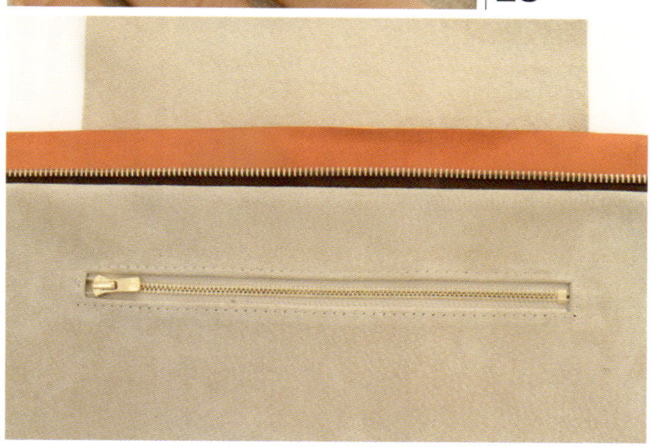

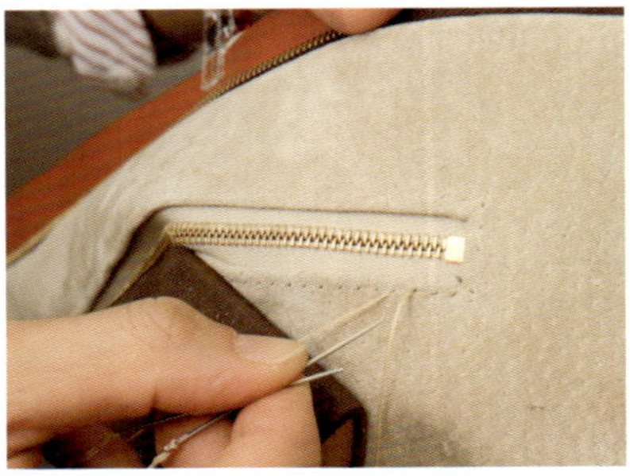

슬릿 하단만 바느질해서 합치고, 내부 포켓 한쪽만 바느질한 상태

14

내부 포켓 안감을 가운데에서 접고 지퍼 상단에 맞춰 붙인다.

16

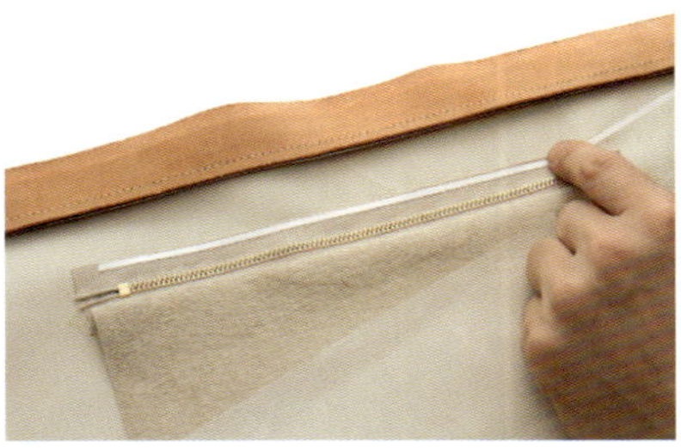

안감을 바느질 땀에서 아래로 접어서 뒤집고 지퍼 상단, 그리고 내부 포켓 안감의 양 사이드(윗쪽 절반만)에 양면 테이프를 붙인다.

15

슬릿의 남은 바느질 구멍을 원형송곳으로 관통해서 바느질한다.

17

안감의 양 사이드에 바느질선을 긋는다.

18

바느질 선 위에 바느질 구멍을 뚫고 바느질해서 봉투 형태로 만든다.

19

안감을 바느질해서 봉투 형태로 만든다

안감도 겉의 본체와 동일한 순서로 봉투 형태로 만든다. 패턴의 크기는 동일하지만 바느질 폭이 조금 넓어서 완성하면 조금 작아지기 때문에 본체 안에 넣을 수 있다.

안감 양사이드의 끝에 양면 테이프를 바른다.

01

상단과 하단을 맞추고 중간도 잘 붙여준다.

02

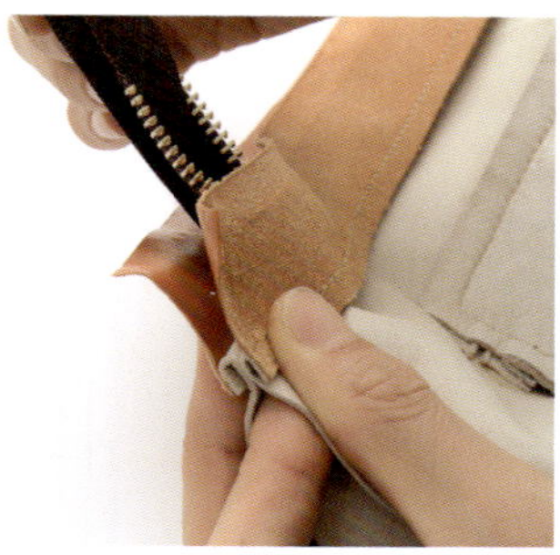

지퍼 아랫막음쇠 쪽은 지퍼를 빼내면서 붙여준다.

03

끝에서 8mm 폭으로 바느질선을 긋는다.
겉의 본체를 바느질할 때보다 바느질선 폭이 넓어졌기 때문에 봉투가 조금 작아진다.

04

그 후 바느질하는 방법은 겉감과 동일하다. 바느질 폭을 넓혔기 때문에 바닥 양 끝을 바느질할 때 끝이 맞지 않지만 문제는 되지 않는다. 여유분은 잘라낸다.

05

조립한다

겉의 본체에 바느질 구멍을 뚫어두고, 안감을 집어넣은 후 입구를 맞붙인다. 바느질 구멍을 관통하면서 바느질해서 합체한 후 지퍼에 꼬리와 손잡이를 걸고 연결가죽에 손잡이를 달면 완성.

● 본체와 안감 봉투 주위에 바느질한다

01 본체 입구 주위에 밖에서 바느질 선을 긋는다. 안감 입구 주위는 안쪽에서 긋는다.

본체 바느질선 위에 양 사이드에 있는 바느질 땀을 피해 2개의 바느질 구멍을 뚫는다. 두께가 있으므로 마름송곳을 쓰면 바느질하기 편하다.

02

남은 부분에는 사선 목타로 바느질 구멍을 뚫는다

03

안감 바깥쪽에 끝에서 조금 간격을 두고(바느질 폭 정도) 양면 테이프를 붙인다. 확실히 붙여야 하므로 조금 폭이 넓은 테이프가 좋다.
한 바퀴 둘러 붙인 후 안감을 본체 안에 넣는다.

04

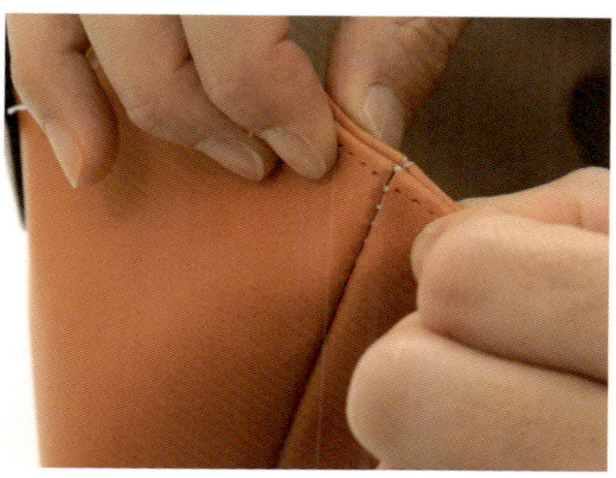

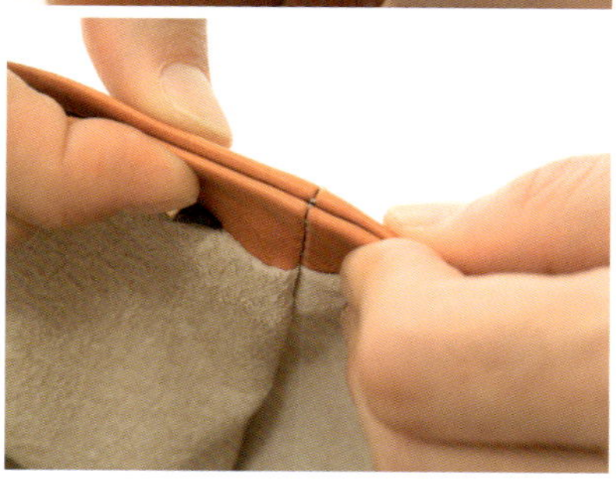

양 사이드의 바느질 땀을 맞춰 그 주변을 붙인다. 양면 테이프를 뗄 때는 한번에 다 떼지 말고 조금 떼고 붙이고 다시 떼는 식으로 작업한다.

05

다른 부분도 붙인다. 상단이 딱 맞지 않으면 바로 티가 나므로 바로 옆에서 보면서 유격이 없도록 체크한다

06

CHECK

입구 주변을 바느질할 때 실 매듭은 손잡이에 감춰질 수 있게 연결 가죽 바로 위에서 시작하면 좋다. 전체를 2회 정도로 나눠서 바느질하면, 실을 끊을 때도 반대쪽 연결 가죽 바로 위에서 끊으면 된다.

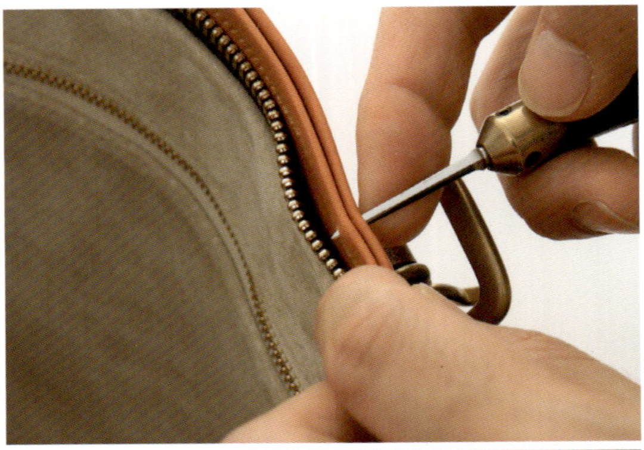

07 겉의 본체에 뚫은 바느질 구멍을, 마름송곳으로 안감까지 관통한다. 안감에 그은 선 바로 위에 구멍이 뚫릴 수 있도록 마름송곳을 수평으로 잡아야 한다.

바느질 구멍을 관통하면서 바느질해나간다. 바느질 땀을 넘어갈 때는 이중으로 바느질 구멍이 생기지 않도록 주의한다(두꺼운 실을 쓸 때는 두 번 돌려 보강하지 않아도 된다).

08

실 매듭은 구멍 가운데에 목공 본드를 발라 막는다. 실은 구멍 가운데 접착되기 때문에 끝을 잘라내도 풀리지 않는다.

09

● 지퍼 꼬리를 단다

입구 주위를 바느질한 다음에는 지퍼에 슬라이더를 끼우고 아랫막음쇠를 단다.

10

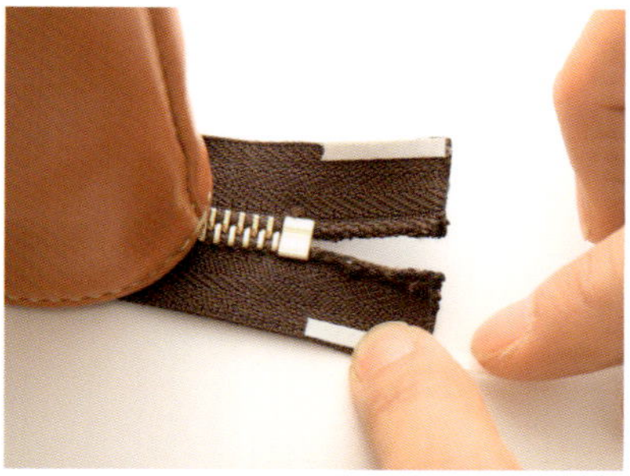

지퍼 테이프 표면의 아랫막음쇠 바깥쪽 양 끝에 양면테이프를 붙이고 안쪽으로 접어서 붙인다.

11

아랫막음쇠에서 3㎜ 정도 떨어진 곳에 보강 테이프를 붙인다.

12

13 지퍼 꼬리는 짧은 쪽 단면만 다듬는다.

지퍼 꼬리 내피쪽에 가볍게 양면테이프를 붙인 뒤 반으로 접는다. 접은 방향을 제외한 3면에 바느질선을 긋는다.

14

바느질선 위에 목타로 바느질 구멍을 뚫는다.

15

지퍼 막음쇠를 다시 열고 양면 테이프를 제거한다. 내피면 전체에 고무 접착제를 바른다. 지퍼 테이프 아랫막음쇠 바깥쪽 범위에도 고무 접착제를 바른다.

16

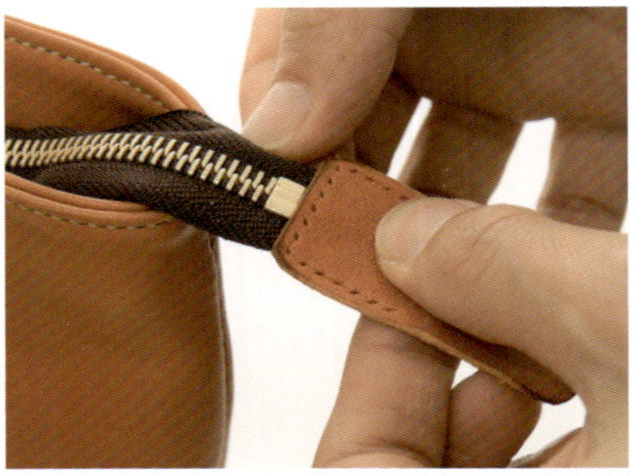

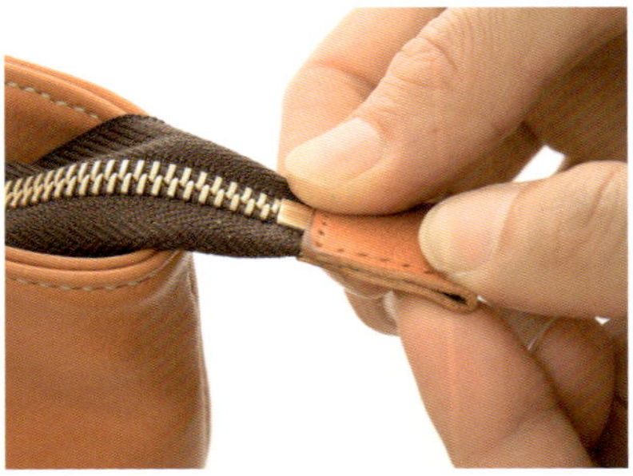

아랫막음쇠 바로 옆면에 지퍼 꼬리를 붙이고 지퍼 테이프를 감싸듯 붙인다.

17

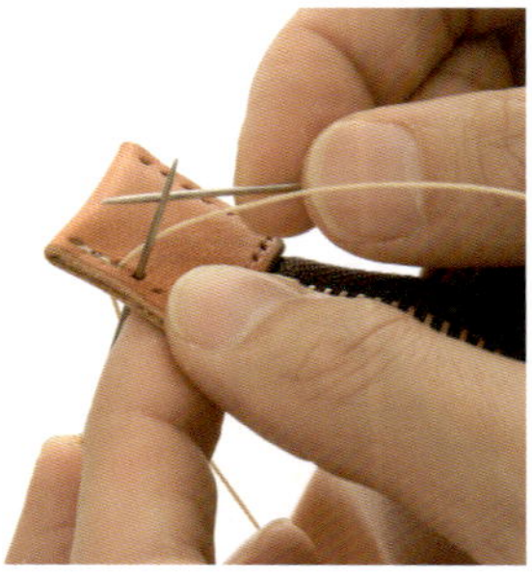

원형송곳으로 바느질구멍을 한 번 더 뚫어 지퍼 테이프까지 구멍을 내고, 바느질한다.

18

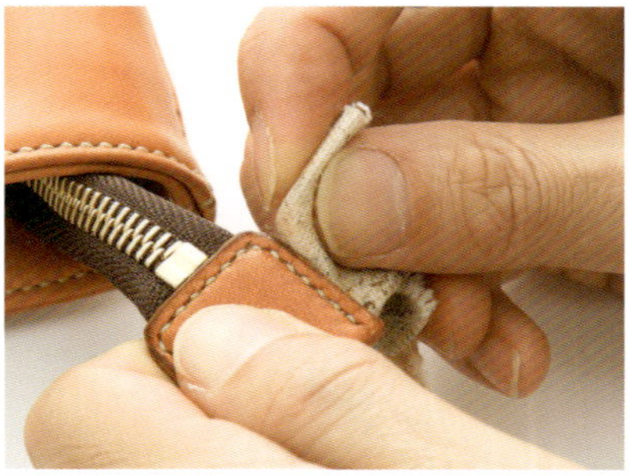

지퍼 꼬리 양옆 단면을 다듬어준다.

19

지퍼 꼬리를 붙인 상태

20

손잡이를 달아준다

손잡이는 P.174에 기재된 바느질 타입 [대]로 만든다. 가운데 보강재를 넣어서 통통하게 만든다.

21

지퍼 슬라이더 기둥을 들어올리듯 집어서 기성품 손잡이를 뗀다.

22

직접 만든 손잡이를 넣고 기둥을 나무기둥 등으로 눌러 원래대로 고정한다.

23

손잡이를 단다

24 손잡이는 원하는 길이만큼 잰 다음 버클 핀 상단 길이에 맞춰 가볍게 표시한다.

표시한 위치에 자를 대고 좌우 끝에서 동일한 거리(손잡이 센터)에 표시한다.

25

표시한 위치에 버클핀이 들어가게끔 둥근 구멍을 뚫고 그 상하 25mm 거리에도 각각 구멍을 뚫어준다.

26

구멍을 뚫은 손잡이와 끝을 맞춰 다른 손잡이도 나란히 늘어놓는다. 그리고 구멍 위치를 동일하게 표시한다.

27

구멍 위치를 마킹했다면 동일한 크기의 구멍을 낸다. 2개의 손잡이 양 끝, 총 4곳에 동일하게 구멍을 뚫으면 된다.

28

손잡이 양 끝을 버클에 끼워주면 완성이다.

29

완성

[No.05] Key Case with DOUBLE ROUND FASTENER

더블 라운드 지퍼 [키 케이스]

라운드 지퍼가 이중으로 달려서 별도로 수납할 수 있는 타입. 한쪽은 키 케이스, 한쪽은 옆판이 달린 동전 지갑이 된다. 라운드 지퍼를 깔끔하게 붙이기 위해서 '틀'을 만드는 테크닉은 여러 아이템에 응용할 수 있기 때문에 꼭 알아두자.

제작·디자인 : 무라키 루이(공방 CC) / 사진 : 기요미즈 요타로

전통적으로 인기있는 라운드 지퍼를 더블로 달아 두 배로 파워 업 한 지갑

1

2

3

1. 라운드 지퍼를 평행하게 2중으로 달았다. 구조도 다르고, 조립할 때 손이 많이 간다. 바깥쪽 본체 치수에 주의해야 하지만 싱글 지퍼보다 난이도가 높지는 않다.
2. 한쪽에는 내부에 키홀더 금속장식을 달고 키케이스로 만들었다. 바느질하기 전 금속장식을 고정하면 바느질이 까다롭기 때문에 금속장식은 마지막에 단다.
3. 다른 한쪽 내부는 옆판을 달아서 스탄대드한 동전지갑으로 마감했다. 여기서는 편의상 키 케이스로 만들었지만, 자유롭게 다른 아이템 수납공간으로 변형해도 된다.

PARTS | 재 료

적당한 장력이 있는 가죽이라면 어떤 종류든 관계없다. 내부 두께는 1.0~1.3㎜, 본체 외부 두께는 1.5~1.8㎜. 내부는 동일한 가죽으로 보강해서 장력을 높인다.

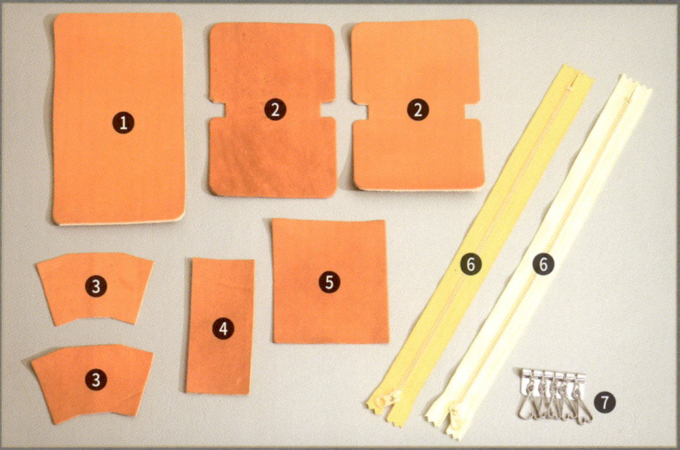

1 본체 밖
2 본체 안 : 2장
3 옆판 : 2장. 동전지갑용
4 키홀더 받침
5 내부 포켓 : 동전지갑용
6 지퍼 : 33호 사이즈 길이 270㎜ 이상으로 2줄 준비
7 키홀더 금속장식 : 폭 45㎜ 정도
8 두꺼운 종이 : 지퍼용 틀을 제작하는 용도. 두께 10㎜ 정도로 겹치기 때문에 1㎜ 두께면 10장 준비한다. 늘어나거나 쉽게 찢어지지 않는 종류면 된다.

라운드 지퍼 틀을 만든다

두꺼운 종이를 접합해서 지퍼를 붙일 때 쓰는 틀을 만든다. 간단하게 만들 수 있고 다양한 사이즈에도 응용 가능하므로 라운드 지퍼 작품을 만들 때 도움이 되는 테크닉.

'본체 안'의 패턴 한 쪽을 사용해서 두꺼운 종이를 잘라낸다. 꼭짓점의 R값(반경)은 큰 쪽이 10mm ,작은 쪽이 3mm 정도. 손으로 잘라도 좋지만 코너 커트를 사용하면 간단하다.

01

02 겹쳐서 두께 10mm가 되도록 여러장을 자른다.

전면에 목공본드를 바르고 10mm 두께가 되도록 겹친다.

03

자나 버니어캘리퍼스 등으로 두께 10mm를 확인한다.

04

CHECK

폭을 변경할 때는 본체의 가동부분 길이를 변경하면 간단하다. 다만 3호 지퍼는 테이프 폭이 다르므로 최저 10mm 최고 14mm 정도가 한계.

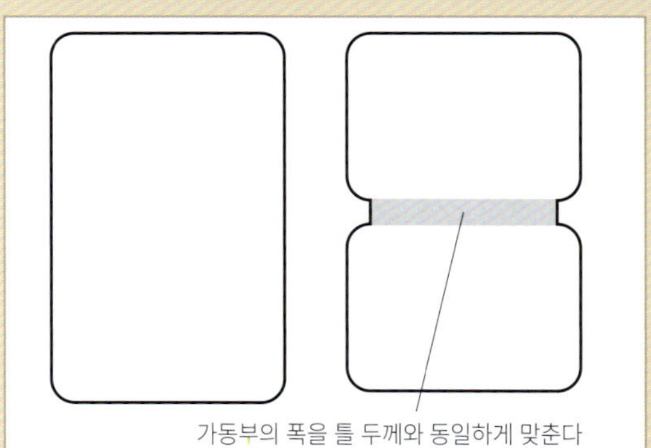

지퍼 폭을 14mm로 할 때는 틀 두께도 14mm로 하고, 본체 밖과 본체 안의 가동부(회색 음영)의 길이를 4mm 추가한다. 본체 밖과 본체 안보다 조금 길게 계산하였으므로 주의한다.

동전지갑 내부를 만든다

내부 포켓을 접어서 내부를 붙인 뒤 양 사이드에 옆판을 붙여서 바느질한다. 이때 바느질 폭은 접은 선 두께가 있으므로 조금 넓게 해야 내부 포켓을 확실히 고정할 수 있다.

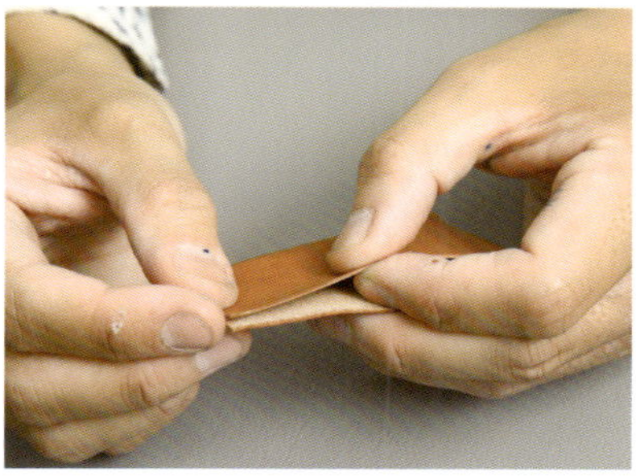

내부 포켓 양 사이드(조금 긴 쪽이 사이드)에 3mm 폭 정도로 고무 접착제를 바르고, 세로로 반으로 접어서 붙인다.

01

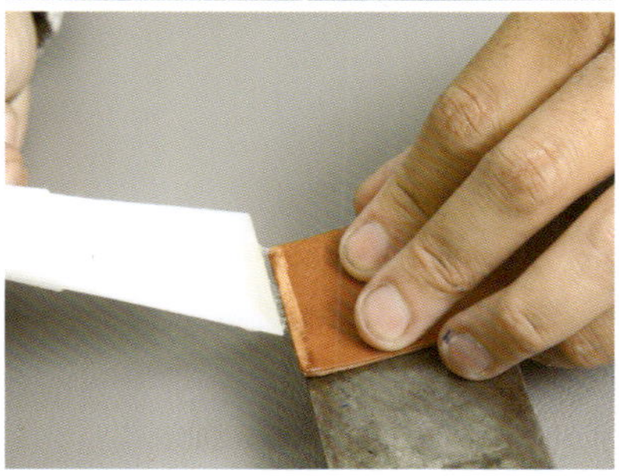

양 사이드 끝에서 3mm 은면을 긁어내고, 고무 접착제를 바른다. 양면으로 총 4곳이다.

02

옆판은 내피를 안쪽으로 해서 반으로 접고 접은 선을 따라 눌러 자국을 낸다.

03

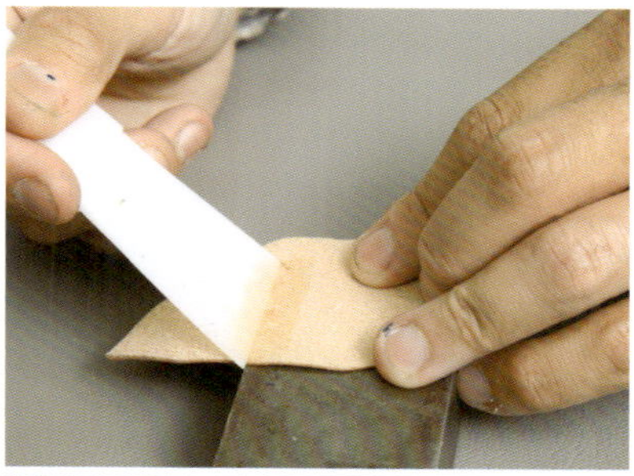

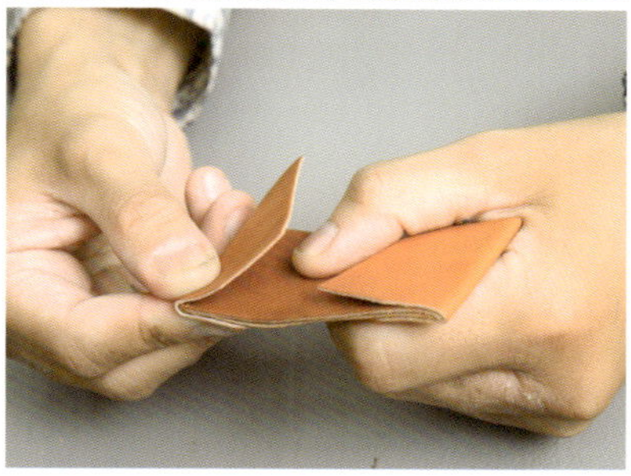

접은 선을 중심으로 6mm 폭으로 고무 접착제를 바르고, 내부 포켓 양 사이드에 붙인다.

04

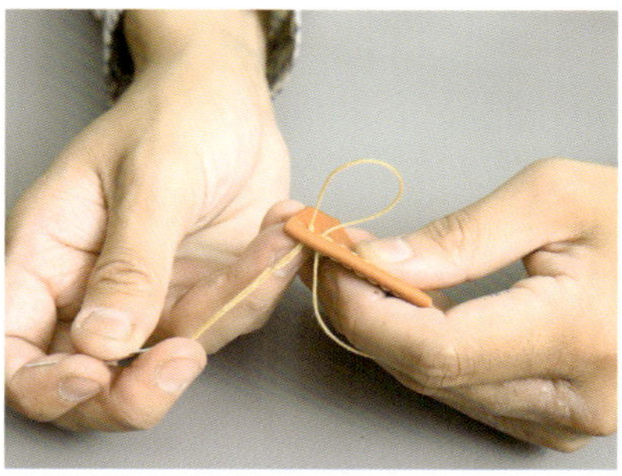

양 사이드를 바느질 폭 4~5mm로 바느질한다.
상단은 바깥쪽을 실로 감아 보강하지만, 하단은 아래쪽까지바느질하지 않고 5mm 정도 남긴다.

05

본체 안에 지퍼를 붙인다

틀을 사용해서 라운드 지퍼를 붙이는 테크닉을 소개한다. 균형이 잘 잡히고 무너지지 않게 붙이기 위한 포인트가 몇 가지 있다.

01 틀, 본체 안, 지퍼를 준비한다. 지퍼를 직접 자르는 경우는, 윗막음쇠와 아랫막음쇠를 달 필요는 없다. 길이만 맞춘다.

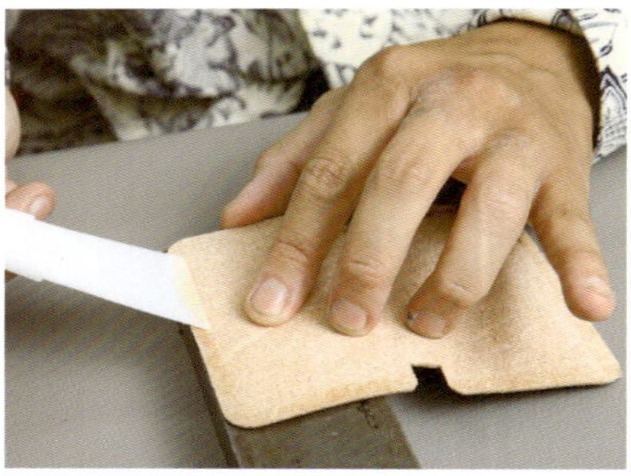

본체 안 파츠 전체에 끝에서 5㎜ 폭으로 고무 접착제를 바른다. 삐져 나와도 된다.

02

지퍼테이프(안쪽 면) 양 사이드도 폭 5㎜로 고무 접착제를 바른다. 삐져나오면 안되므로 테이프 바느질선에 맞춰 일정한 폭으로 발라둔다.

03

본체 안을 틀에 딱 맞춰서 접어준다.

04

05 끝이 잘 맞는지 확인하고 삐뚤어지지 않도록 클립으로 고정한다.

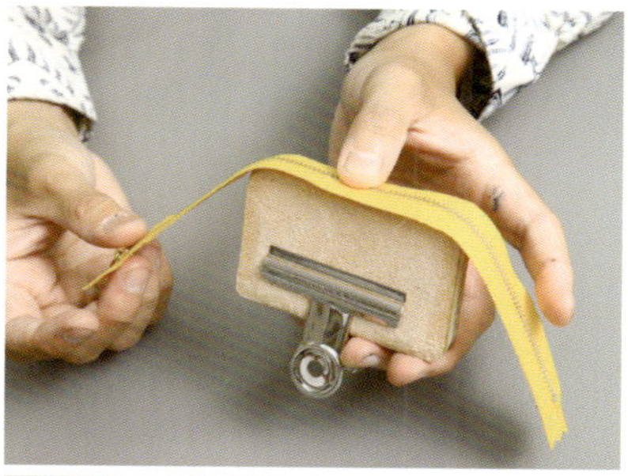

중앙을 맞춰 지퍼를 붙이고, 양 끝을 틀에 두르면서 구부린다. 이때, 지퍼와 틀 센터를 정확히 맞춰야 한다.

06

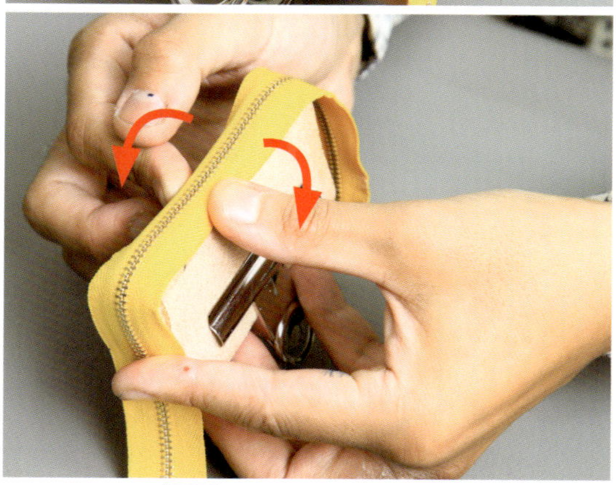

07 먼저 눌러두었던 중앙부만 지퍼테이프를 양 끝으로 접는다. 이때 틀과 테이프 사이에 여유가 생기지 않도록 딱 붙인다.

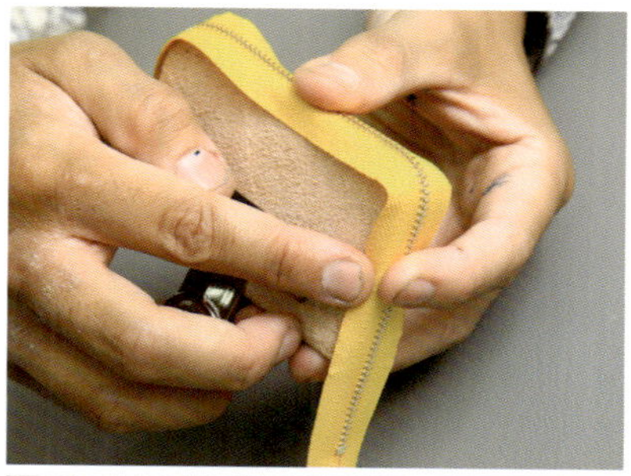

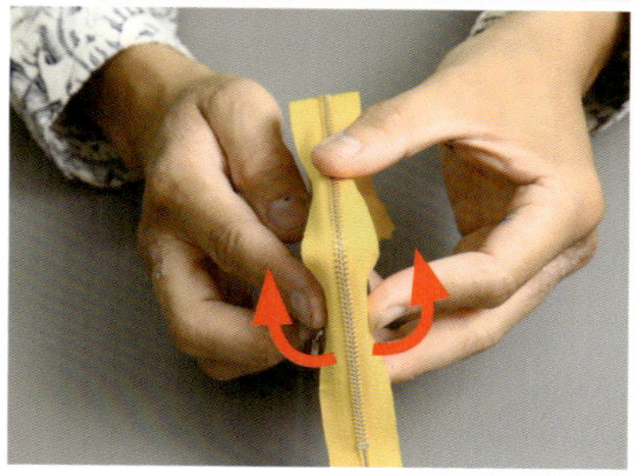

지퍼테이프가 들뜨지 않게 양 끝을 확실히 누르면서, 양쪽으로 지퍼테이프를 붙인다. 이때, 지퍼를 꽉 당겨줘야 한다.

08

가운데와 양쪽면의 세 군데를 붙이면 손을 떼도 쉽게 떨어지지 않는다. 지퍼가 물결치지 않는지 확인한다.

09

체크했다면 코너쪽을 남기고 지퍼테이프를 구부리며 붙인다.

10

POINT

11 코너의 바깥쪽 가운데에 손가락을 놓고 이빨이 손상되지 않는 것을 확인하면서 송곳에 힘을 주면서 누르면, 지퍼테이프가 둥글게 구부러진다(사진 가운데 원).

손가락으로 누르면서 자연스럽게 생긴 주름 끝에 송곳 끝을 맞추고 꾹 누르면, 정확하게 접히면서 본체 안에 붙게 된다. 테이프에 여유가 생기지 않도록, 딱 맞게 붙인다.

12

작은 주름도 동일하게 손가락으로 바깥쪽을 눌러 가운데로 접어 구부린다.

13

틈이 벌어지지 않도록 주의하면서 송곳으로 정확하게 부착한다(사진 위). 반대쪽 주름도 동일하게 작업하며 붙인다.

14

4개의 작은 주름이 생긴 상태. 나머지는 프리핸드를 사용해 균등하게 붙여 나간다.

15

CHECK

테이프를 붙이는 일련의 작업에서는 이빨이 일직선이 되도록 주의한다. 물결치게 되면 떼고 다시 붙이는 게 좋다.

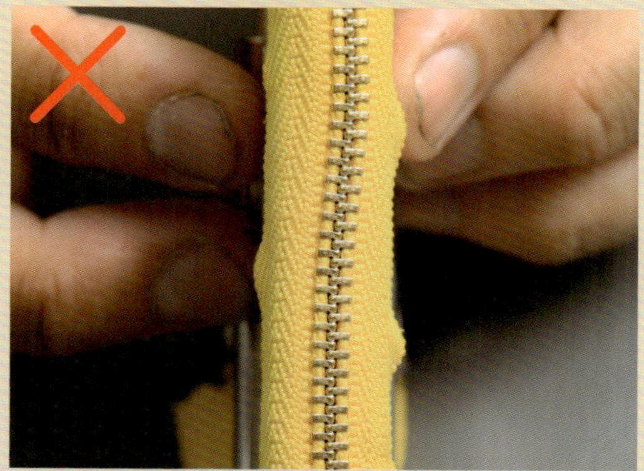

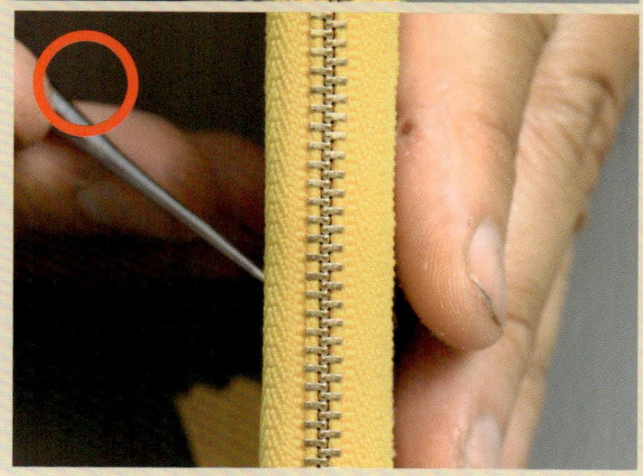

지퍼테이프 전체를 붙이면 고정한 클립을 뗀다.

16

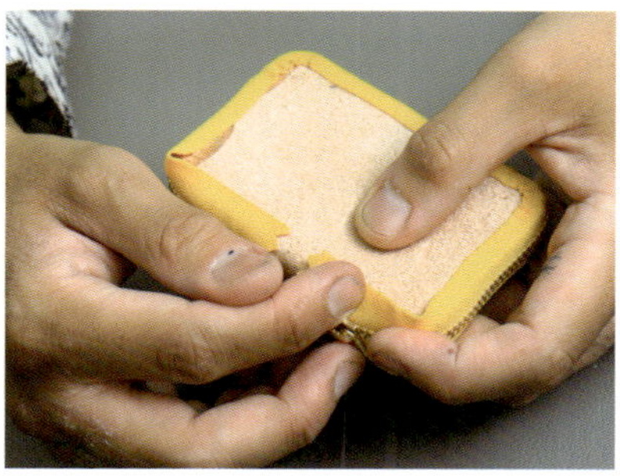

지퍼 양끝은 여유가 생기지 않도록 본체 안에 맞춰서 붙인다.

17

18 반대쪽 주름도 균등하게 접어서 붙인다.

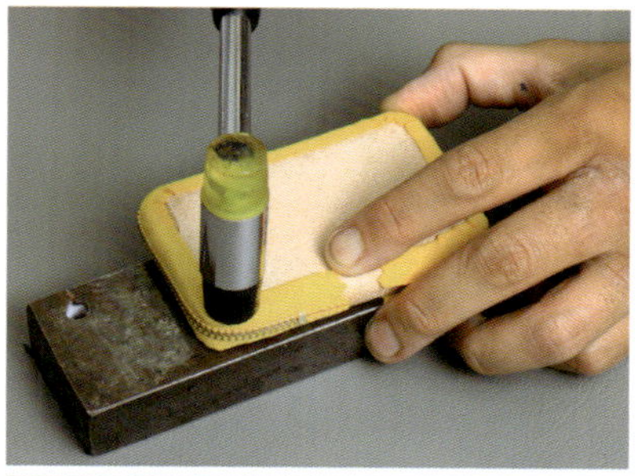

붙인 주름 부분을 망치로 두들겨 평평하게 만든다.

19

지퍼테이프가 붙은 것을 확인하고 떼 낸다.

20

이번에는 더블 지퍼 작업이기 때문에 동일하게 2개를 만든다.

21

CHECK

조금 손이 가지만, 틀 옆면 양 사이드에 3㎜ 폭 정도로 자른 두꺼운 종이를 레일처럼 붙여 두면 지퍼 이빨이 걸려 물결치지 않는다.

본체를 합체하고 바느질한다

2개의 본체 안 파츠를 바느질하고 연결하면, 마지막에 본체 박을 씌우고 바깥쪽 한 바퀴를 바느질해서 완성. 각 내부는 본체와 함께 붙이니 작업 도중에 잊지 말아야 한다.

● 본체 안을 붙이고 구멍을 뚫는다

본체 안 한쪽 면에만 끝에서 바느질 선을 긋는다.

01

바느질 선을 그은 면 뒤쪽에 고무 접착제를 바른다. 다른 쪽 본체 안도 고무 접착제를 바른다. 경계선이 잘 보이지 않으니 너무 밖까지 바르지 않도록 주의.

02

끝을 맞춰서 본체 안을 붙인다. 지퍼에서 경계선이 잘 안 보이므로 손가락으로 만지면서 붙인다.

03

지퍼로 두들겨서 압착한다.

04

POINT

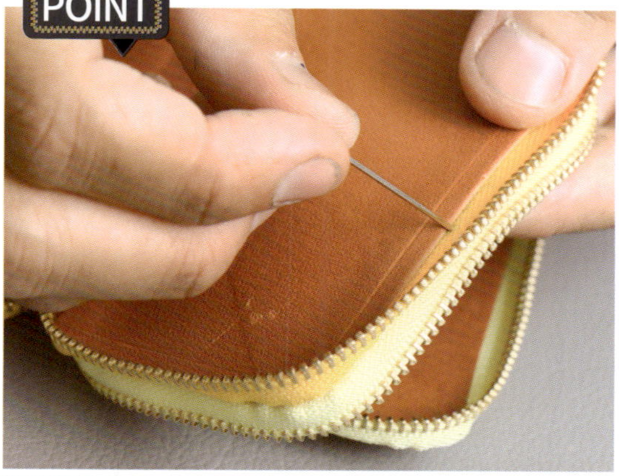

05 양 파츠 끝이 나란히 놓이지 않으면 바느질선이 가죽에서 튀어나가므로, 바늘을 테이프에 찔러가면서 체크한다.

바느질 선 위를 따라 바느질 구멍을 뚫는다.

06

내부 포켓에 붙은 옆판 끝도 동일하게 마름송곳으로 바느질 구멍을 뚫는다.

07

● 키홀더 받침을 만든다

키홀더 받침 상하 모서리(짧은 쪽)에 바느질선을 긋고 구멍을 뚫는다.

08

키홀더 금속장식을 대고 위치를 정한 후 구멍 위치를 찍고 맞는 사이즈의 둥근 구멍을 뚫는다.

09

POINT

10 둥근 구멍에 안쪽에서 키홀더 금속장식을 고정하는 가방발을 끼운다. 가방발 고정은 바느질한 뒤에 하게 된다.

본체 안과 내부를 바느질한다

바느질구멍의 위치를 나란히 하고, 본체 안에 내부를 댄다.

11

모든 파츠에 동일한 간격으로 구멍을 뚫기 때문에 붙이지 않고도 위치를 맞추면서 바느질하더라도 문제가 없다.

12

13 그대로 본체 안쪽의 붙이는 전면 전체를 바느질한다.

14 바느질한 상태. 옆판의 다른 한쪽 끝은 본체 밖과 바느질할 때 함께 바느질한다.

본체 밖을 바느질한다

본체 밖의 바느질 범위가 되는 부분에 미리 바느질 구멍을 뚫는다.

15

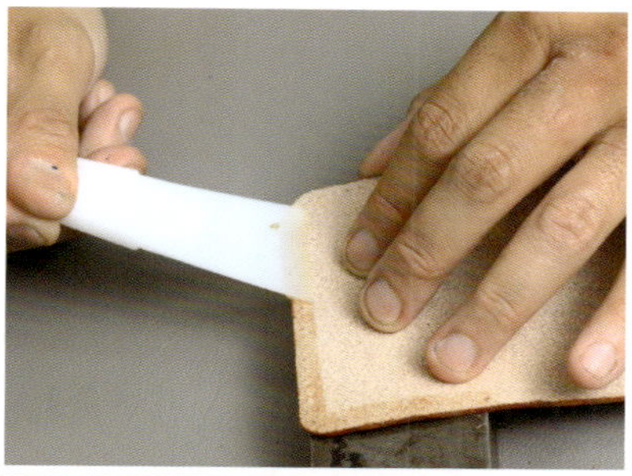

본체 밖과 본체 안에 끝에서 6㎜정도 부분에 고무 접착제를 바른다.

16

끝을 맞춰서 본체 안의 바깥쪽에 본체 밖을 붙인다.

17

CHECK

미세한 포인트이지만, 끝을 완전히 일치시키지 않고 본체 안을 조금 튀어나오게 붙이면 지퍼 형태가 갖춰진다. 패턴도 이것을 고려하여 본체 안을 조금 크게 만들었다.

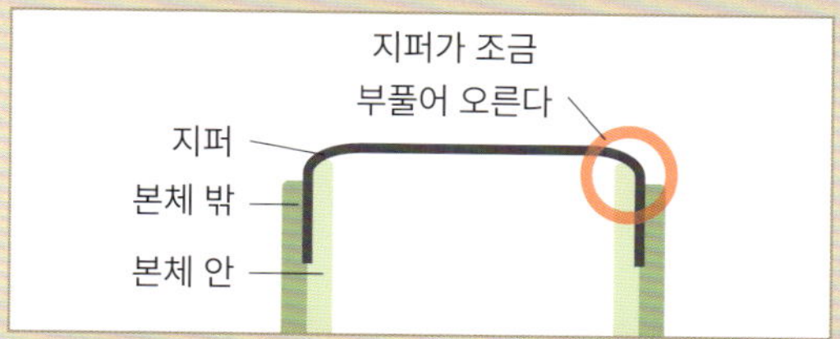

지퍼테이프에 숨겨져 보이지 않지만 본체 안의 끝이 조금(0.5㎜ 정도) 튀어나와서 테이프가 부푼 형태가 된다.

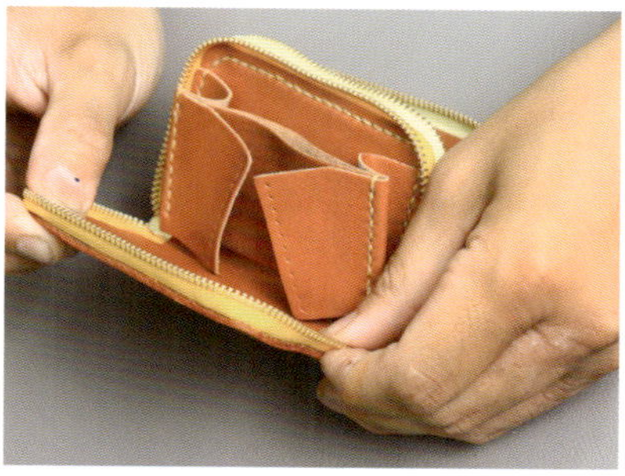

양면 모두 동일하게 붙인다.

18

POINT

19 P.125의 05과 동일하게, 바늘을 찔러 끝이 어긋나지 않게 체크한다.

본체 밖에 뚫어둔 구멍을 본체 안까지 관통한다.

20

슬라이더 틈새의 안쪽으로 본체가 크게 열리도록 만들면 바느질하기 편하다.

21

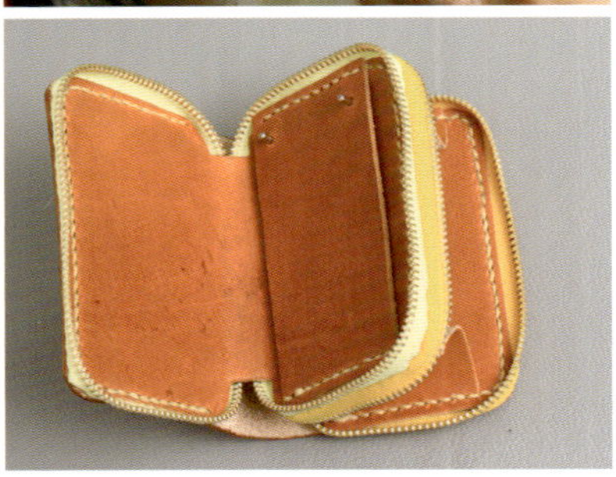

본체 양면을 각각 바느질한다.

22

송곳 등으로 안쪽을 비틀고 슬라이더를 끼운다.

23

키홀더 금속장식을 달고 리벳 머리를 고정한다. 뒤에 다는 받침은 얇은 것을 사용한다.

24

취향대로 슬라이더에 풀러를 끼우면 완성.

25

완성

SHOP INFORMATION

공방 CC(레더 크래프트 피닉스)

다방면에서 활약하면서 물건을 만드는 문화와 정신을 넓힌다

가죽공예와 가죽산업의 유명인사 중 공방 CC의 무라기 씨만큼 다채롭게 다방면에서 활약하는 사람은 없을 것이다. 레더 크래프트 피닉스의 숍 스태프이자 웹 홍보 담당자이고, 같은 건물 내의 공방 CC에서 가죽 제품의 수선 및 보수 작업도 하고 있다. 그 외에도 간사이와 간토에서 부정기적으로 개최되는 프로 기술 및 가죽산업 지식 세미나 이벤트 '오늘은 가죽 하는 날♪'을 주최하고, 구두 장인 육성과 제화 기술을 넓히는 '슈 넥스트'를 운영하는 등 다양한 활동을 하고 있다. 가죽공예 전문 정보지 「레더 크래프트」에서도 기사 집필을 맡고 있다.

초보에게도 도움될 만한 이벤트에 대한 자세한 정보는 페이스북에서 확인할 수 있다.

공방 CC에서 만든 동전지갑 키트(세금 포함 8,000엔)는, 재료 전체와 뒤에서 소개하는 목제 지퍼틀, 클립, 그리고 라운드 지퍼 테크닉을 배울 수 있는 DVD가 포함되어 있다. 영상으로 세밀한 테크닉까지 배우고 싶은 사람에게 추천하는 아이템. 페이스북이나 피닉스에서 구입할 수 있다.

무라이 루키 씨

레더 크래프트 피닉스 숍 스태프이자 웹 홍보 담당자. 또한 가죽학교 '슈 넥스트', 가죽 장인 세미나 '오늘은 가죽하는 날♪'을 주최하는 등 다채로운 영역에서 활약하고 있다.

SHOP DATA

레더 크래프트 피닉스

오사카시 나니와구 시키즈히가시1-4-17
TEL 06-6632-1327
OPEN 10:00-18:30
CLOSE 수요일, 공휴일
URL http://l-phoenix.jp/
무라이 루키 facebook
https://facebook.com/muraki.louis

피닉스는 가죽공예인 사이에서 유명한 숍.가죽, 공구, 금속장식, 교재 등이 있다.

라운드 지퍼틀 주문하기

[더블 라운드 지퍼 키 케이스]에서는, 패턴을 겹쳐 붙여 틀을 만드는 방법을 해설했지만, 원하는 사이즈와 형태로 목제 지퍼틀을 주문할 수도 있다. 이빨, 슬라이더 위치의 홈을 팔 수도 있다.

협력: 무지개 제작 공작소 / 제작협력: 무라키 루이(공방 CC)

'nijigamitool'는 가죽공예용 공구를 개발하고 판매하며, 지퍼틀 제작 주문도 받는다(세금 포함 4,000엔~). 가로, 세로, 두께, 모서리 R값 등 자세하게 주문할 수 있어 지퍼를 깨끗하게 붙일 수 있다. 요금은 사이즈, 형태, 옵션 가공에 따라 다르지만 장지갑의 표준 사이즈라면 최저 요금으로 만들 수 있다. 틀을 직접 만들 수도 있지만, 여러 차례 사용한다면 튼튼하고 정확한 목제 틀 주문 제작을 권한다. 여기서는 간단하게만 소개한다.

문의
nijigamitool
URL http://nijigamitool.cart.fc2.com/
TEL 06-6720-5437
MAIL pony@nijigami.com

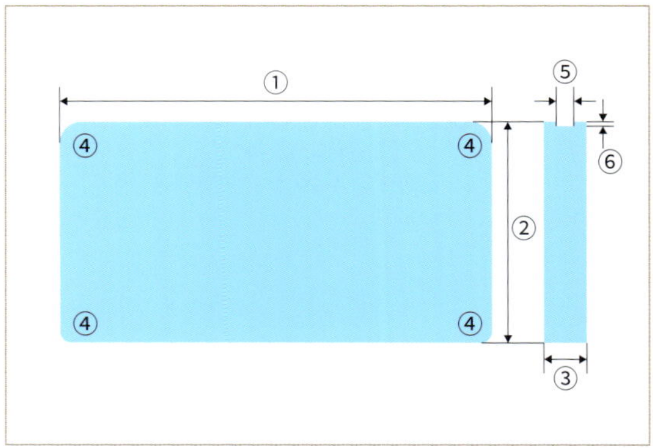

주문 시 필요한 정보는 ① 길이, ② 폭, ③ 두께, ④ 코너의 R값(곡률), ⑤ 이빨 다는 위치 폭, ⑥ 옆면 깊이 등. 표준 사이즈로 주문하거나 실제로 사용하는 지퍼를 보내거나 해서, 섬세한 수치를 계산할 수 있게 해야 좋다(완성작품이나 패턴에서는 목형 수치를 계산할 수 없으므로 주의). 물론 비정형 사이즈 주문도 가능. 가운데를 비우거나 끝이 점점 얇아지는 디자인, L자 지퍼용 지퍼틀도 만들 수 있다.

지퍼틀을 사용해 만들기

지퍼틀을 사용해서 본체 안에 지퍼를 붙이는 가공법을 소개한다. 내부 등 각 파츠는 별도로 만들어서 지퍼를 단 후 본체를 붙이고 한번에 바느질한다.

● 본체 안 / 밖 준비

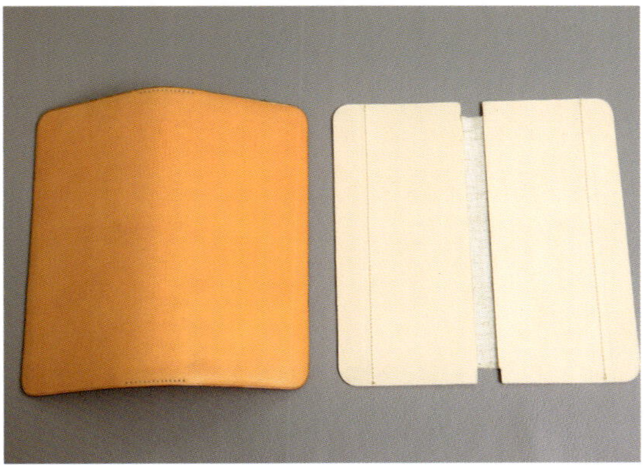

01 본체 안(사진 오른쪽)은 지퍼틀와 동일한 형태를 2장 나눈 것. 사이의 조인트 부분은 틀 두께와 동일하고, 본체 밖은, 가운데 구부러지는 부분의 치수(6㎜ 추가하면 충분하다)가 추가된다.

주 의

이 챕터는 지퍼틀을 사용해 만들기를 해설하고 있습니다. 작업에 사용하는 작품의 패턴은 수록되어 있지 않습니다.

● 내부 준비

02 카드포켓 사이에 동전 포켓을 단 지갑용 내부. 붙이지 않은 옆판 끝은 마지막에 본체와 함께 바느질한다.

지퍼를 붙인다

지퍼테이프와 본체 안 끝에 5mm 폭으로 고무 접착제를 바른다.

03

본체 안 사이에 지퍼틀을 끼우고, 틈이 생기지 않도록 클립으로 단단히 고정한다.

04

지퍼 가운데를 누르면서 양 끝을 감아서 맞춘다. 지퍼 이빨은 틀의 옆에 끼게 된다.

05

06

가운데 부분과 양 사이드에 지퍼테이프를 본체에 붙인다. 테이프가 느슨해지거나 틈이 벌어지지 않도록 주의한다.

CHECK

꼭짓점이 느슨해지지 않도록 주의한다. 가운데를 누르면서 양 끝은 적당한 텐션으로 당기면 깨끗하게 붙일 수 있다.

꼭짓점을 누른다

코너만 테이프를 붙이고 남긴 상태에서 바깥에서 손가락으로 눌러준다. 가운데 생긴 주름을 송곳으로 끝에서 정확하게 눌러 구부리고 본체에 붙인다.

07

양 옆에 생긴 작은 주름도 동일하게 중앙에서 정확하게 눌러 붙인다.

08

주름을 균등하게 펴 나가면 매끄러운 곡선이 된다. 이 작업을 '조각'이라고 부른다.

09

붙인 주름은 망치로 두들겨서 평평하게 편다.

10

외부의 본체를 맞붙인다

본체 안, 본체 밖의 끝에 5㎜ 폭 정도로 고무 접착제를 바른다.
다만, 가장 끝은 완성 후에 보이기 때문에 끝에서 2㎜ 정도 띄우고 접착제를 바른다.

11

POINT

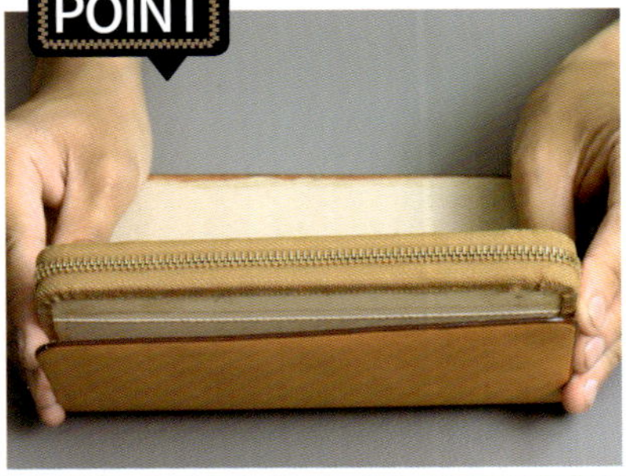

본체를 빈틈없이 붙여준다. 본체 밖의 수치를 못 잰 경우는 이 시점에 실측해서 수정해도 된다.

12

CHECK

P.127에서도 해설하고 있지만, 본체는 안쪽이 아주 조금(0.5㎜ 정도) 튀어나온 형태가 이상적이다. 이렇게 만들면 지퍼테이프가 조금 봉긋해진다. 또한 밖에서 미싱 바늘(또는 마름송곳)을 찔렀을 때 안쪽에 바늘이 잘 걸리는 메리트가 있다.

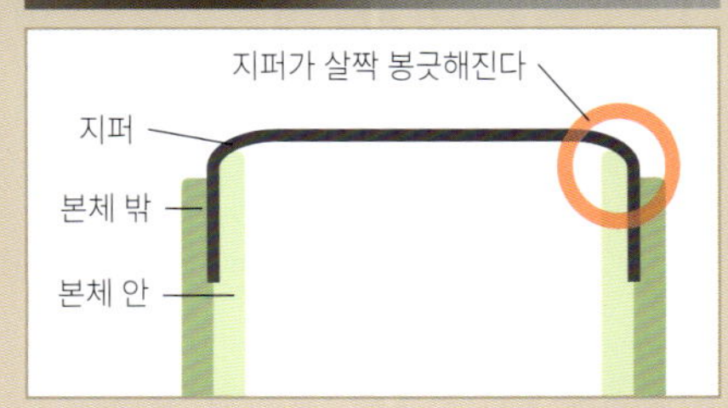

맞붙인 상태. 그 다음은 틀을 빼내고 내부와 함께 바느질하면 완성.

13

완성

nijigamitool

독특한 시각으로 만든 아름다운 공구가 한 자리에 모인 곳

오사카에서 가구나 잡화, 액세서리 등을 제작하는 목공소 ‘무지개 종이 제작소’의 레더 크래프트 툴 전문 브랜드 nijigamitool. 특별 주문 가구의 장인 와다 씨가 독립해서 자택겸 공방에서 운영하고 있다.

nijigamitool의 특징은 주문자의 니즈를 직접 반영해서 목공품을 독특한 시각으로 변형한 획기적인 아이템이다. 처음엔 포니 1점으로 시작했지만 어느새 화제를 불러일으켜, 라인업이 갖춰지게 되었다. 만드는 제품도 유니크해서 구경하다가 어느새 사 버리는 사람도 많다. 간사이를 중심으로 다양한 공예 이벤트나 대형 수제품 판매숍의 워크숍 등에도 적극적으로 참가하고 있으니 관심 있는 분들은 체크해보자.

무늬가 아름다운 목재를 사용한 가죽칼. 섬세한 무늬를 새긴 칼자루도 인기 있다.

내피를 연마하는 작업에 특화된 슬리커. 들기 편하고 넓은 면을 작업할 수 있다.

와다 히데오 씨

무지개 종이 제작소 대표. 특별 주문 가구 장인으로 기술과 지식을 쌓은 후 독립해서 무지개 종이 제작소를 창립했다. 가구 등 목공예품을 제조하면서 레더 크래프트 등 목공 이외의 작품도 만들고 있으며, 기타 다양한 분야에서 활동하고 있다.

레더 크래프트 공구를 만드는 계기가 된 오리지널 레이싱 포니. 현재도 개량을 계속하고 있다.

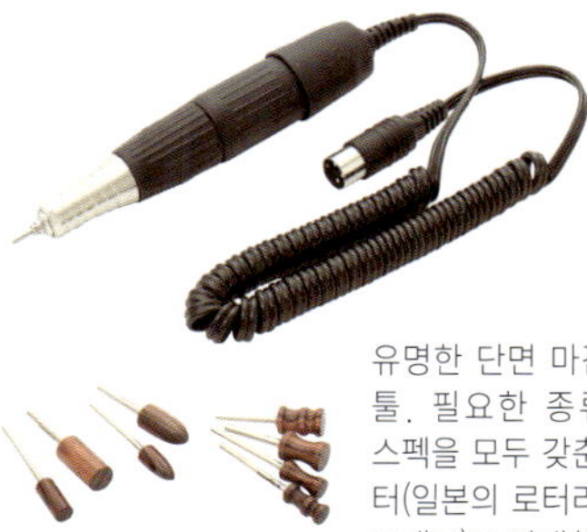

유명한 단면 마감용 툴. 필요한 종류의 스펙을 모두 갖춘 류터(일본의 로터리 툴 브랜드)도 판매한다.

SHOP DATA

니지가미툴

오사카부 히가시오사카시 에이와3-18-13
※공방 업무로 방문 시 미리 연락 필요
TEL 06-6720-5437
URL http://nijigamitool.cart.fc2.com/
Blog http://nijigamitool.blog.fc2.com/
Mail pony@nijigami.com

자택을 겸한 공방에는 가공 설비가 갖춰져 있다. 자택도 직접 설계하고 만든 부분이 많아서 건물 전부가 샘플 작품이라 불리기도 한다.

[No.06] Universal Case with GUSSETED FASTNER

옆판 달린 라운드 지퍼 [유니버설 케이스]

지퍼의 양 끝에 띠 모양의 파츠를 달고, 그 자체를 옆판으로 사용하는 디자인으로, 수납력이 좋아진다. 포인트는 지퍼테이프 양 끝 처리를 깔끔하게 하는 것. 폭이나 길이를 미세 조정하면서 조립한다.

제작·디자인 : 나카지마 유타카(DARK END OF THE STREET) / 사진 : 가지와라 다카시(Studio Kazy Photography)

지퍼에 띠를 덧대서 수납 공간을 넓혔다.
심플하면서도 사용하기 편리한 만능 케이스.

1

2

1. 일반적인 라운드 지퍼의 구조와 다른 점은 지퍼 양 사이드에 가죽 띠를 달아 폭을 넓혔다는 점. 본체와 띠는 아웃스티치로 조립하는데 이 방법에 숙달되면 형태와 크기를 자유자재로 변형하며 만들 수 있다.
2. 본체에는 안감을 달고 지퍼 끝은 꼬리를 달아 막는다. 간단한 구조이지만 다는 위치나 파츠의 크기를 잘 조절해서 깔끔하게 마감하는 것은 의외로 어렵다. 이 책에서 사용하는 패턴은 5호 사이즈 지퍼에 맞춰져 있다.

PARTS | 재 료

사용하는 가죽은 모두 1㎜ 두께. 지퍼 사이드의 띠 파츠와 본체 바느질 땀은 단면이 나오는 아웃스티치 형태로 베지터블 가죽을 써서 단면에 광택을 내는 것을 추천한다. 부드러운 가죽을 쓸 때는 본체 형태가 고정되지 않으므로 본체겉의 평평한 부분에 보강재를 붙여서 단단하게 만들어 주면 좋다.

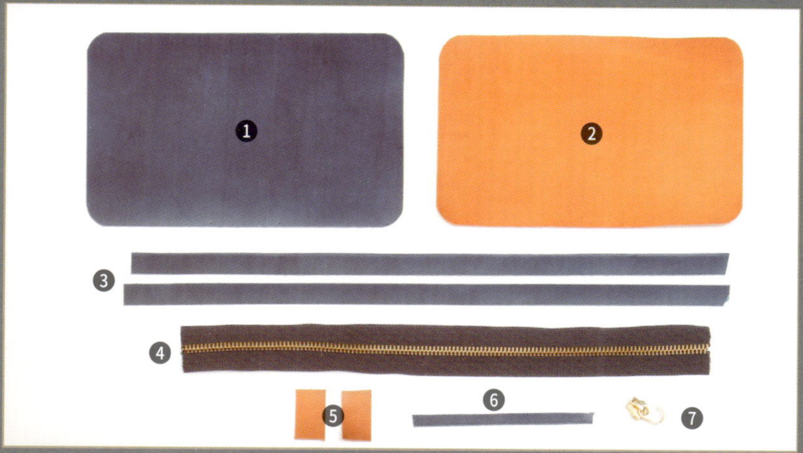

❶ 본체 겉
❷ 본체 안 : 본체 겉보다 살짝 짧다
❸ 지퍼띠 : 폭 13㎜, 길이 380㎜로 2개 준비한다(패턴없음).
❹ 지퍼 : 5호 지퍼, 길이는 360㎜이상으로 준비한다.
❺ 지퍼 꼬리 : 지퍼 양 끝을 위에서 눌러서 바느질하는 용도의 파츠
❻ 지퍼풀러 : 슬라이더에 다는 장식용 풀러
❼ 슬라이더 : 여닫기 편한 자물쇠 없는 타입이 좋다. 윗막음쇠와 아랫막음쇠는 필요없다.

지퍼를 준비한다

테이프를 포함한 전체의 길이를 360mm가 되도록 자른다. 양 끝에서 20mm 만큼 이빨을 빼서 도합 320mm로 사용하게 된다. 막음쇠는 사용하지 않기 때문에, 이빨만 떼어내면 준비 완료.

긴 지퍼를 준비한 경우, 360mm 에서 표시해놓는다.

01

02 표시한 부분에서 지퍼를 자른다.

양 끝 모두, 끝에서 20mm 범위에 표시한다.

03

표시보다 바깥쪽 이빨을 방울집게나 니퍼를 사용해서 뽑는다.

04

양 끝 모두 이빨을 빼면 준비 완료.

05

지퍼와 띠를 바느질한다

지퍼 양 사이드에 띠를 붙이고, 바느질한다. 각 부분의 폭이나 길이를 맞춰 조립하는데 여기서 알려주는 수치는 이 책의 패턴과 5호 지퍼에 맞춘 사이즈이므로 주의한다.

● 지퍼띠의 단면을 다듬는다

지퍼띠 한쪽 단면에 양면에서 엣지 비벨러로 각을 다듬는다.

01

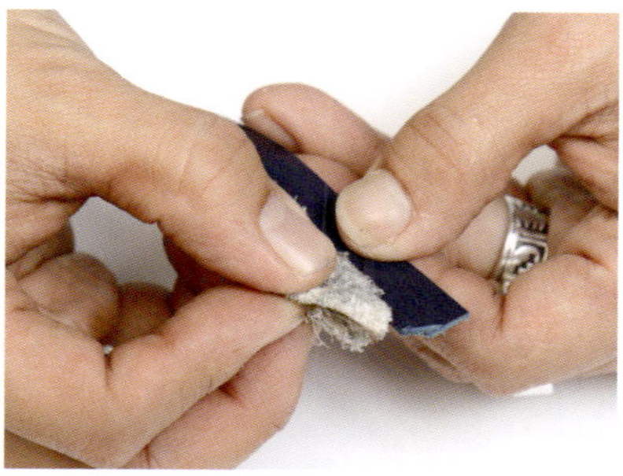

엣지 비벨러로 깎아낸 단면에 스폰지로 물을 묻힌 수건 등으로 문질러 단면을 평평하게 다듬는다.

02

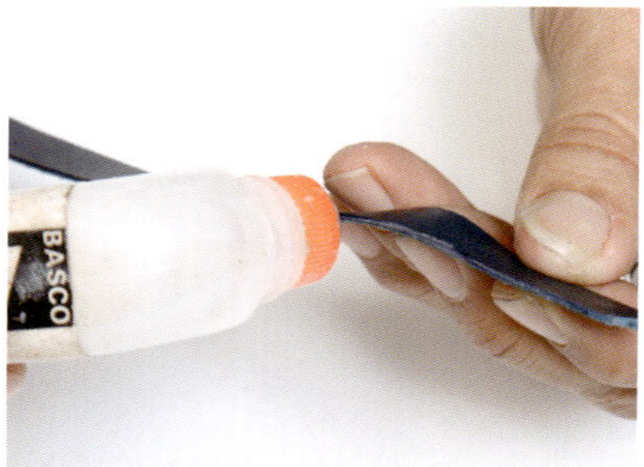

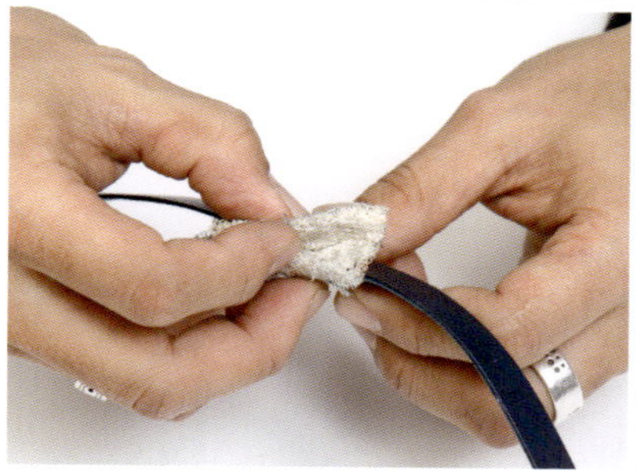

추가로 단면마감제를 발라서 다듬고 광택을 내서 마감한다. 2장 다 한쪽 사이드만 마감하면 된다.

03

● 붙여서 끝을 커트한다

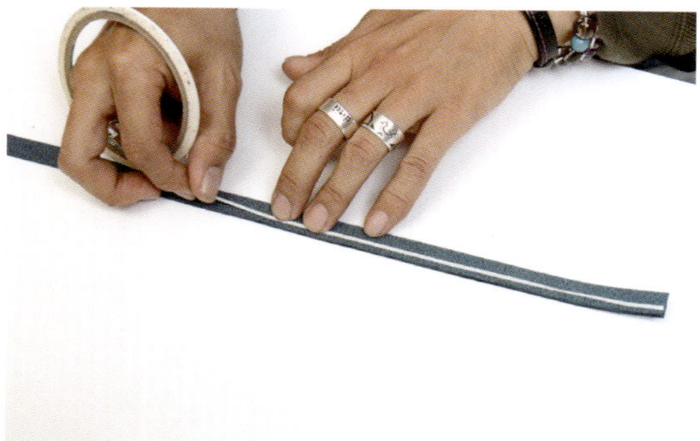

04 띠 내피에 마감한 단면에서 2.3mm 정도 떨어져서 2mm 폭 양면 테이프를 붙인다.

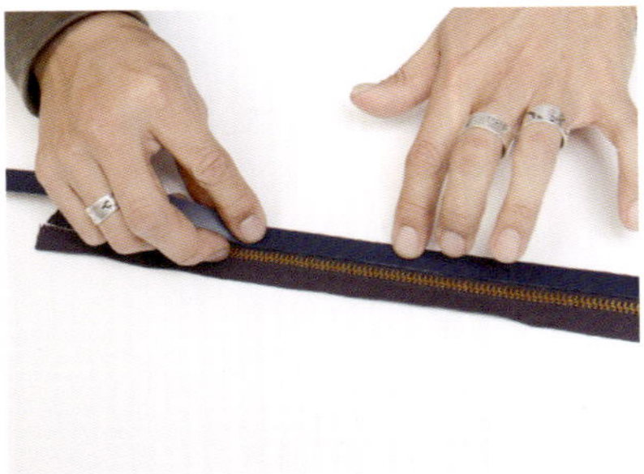

지퍼테이프에 띠를 붙인다. 테이프의 직조선을 기준으로 붙이면 직선으로 붙이기 쉽다. 끝은 띠쪽을 뺀다.

05

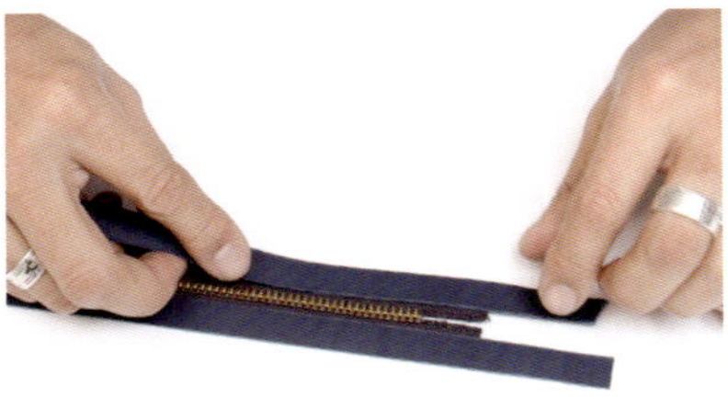

반대쪽도 동일하게 작업한다.
이때 다음 공정에 표시한 수치대로 붙인다.

06

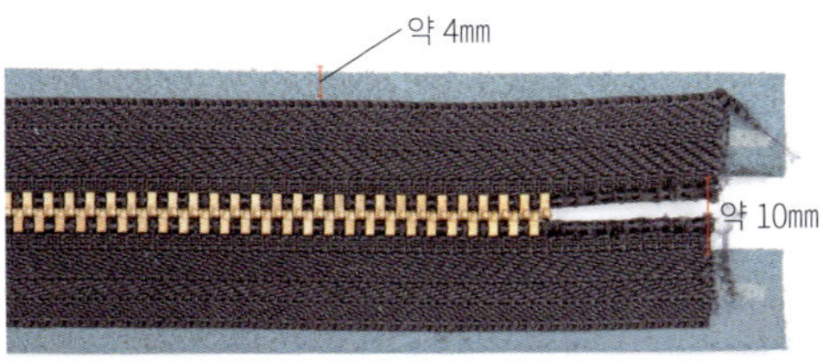

07 띠 파츠 사이 10mm 폭으로 붙이고, 테이프에서 4mm가량 밖으로 나오게 한다. 이 4mm가 바느질 범위가 된다.

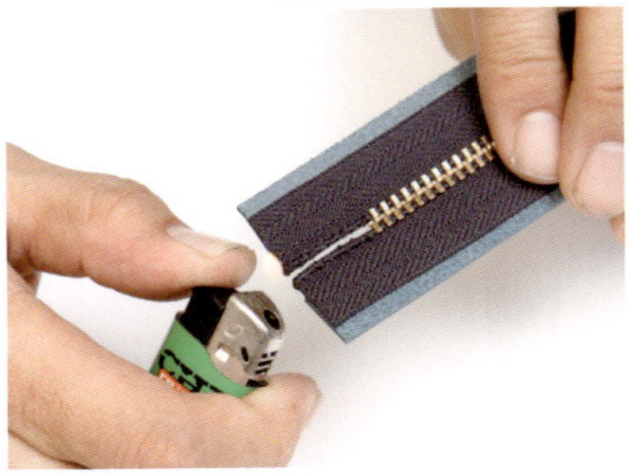

지퍼테이프 끝에 맞춰 띠 여분을 잘라낸다. 테이프 올이 풀리지 않도록 라이터로 끝을 가볍게 지져준다.

08

띠의 양 사이드에 센터를 표시한다.

09

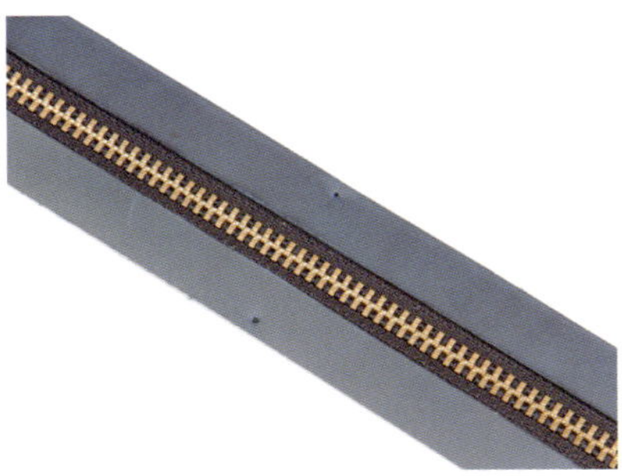

센터에 표시해둔 상태

10

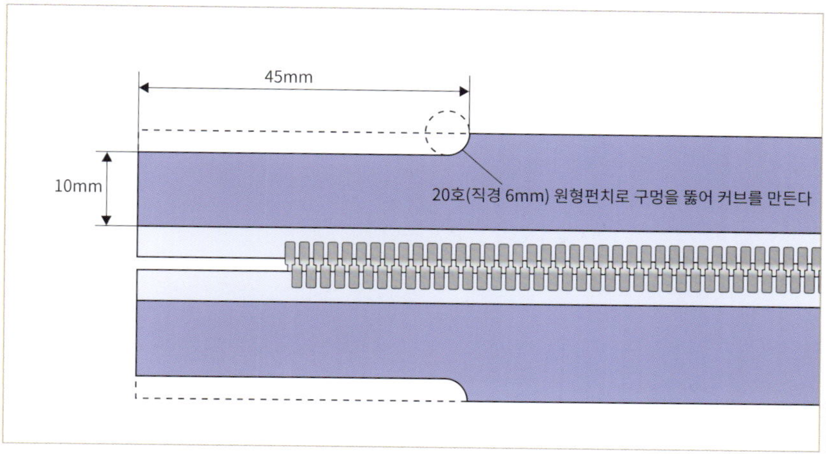

띠 양 끝을 왼쪽 수치대로 잘라낸다.

11

띠끝에서 45㎜ 위치에 표시하고 20호(직경 6㎜)의 원형펀치로 반원을 뚫는다.

12

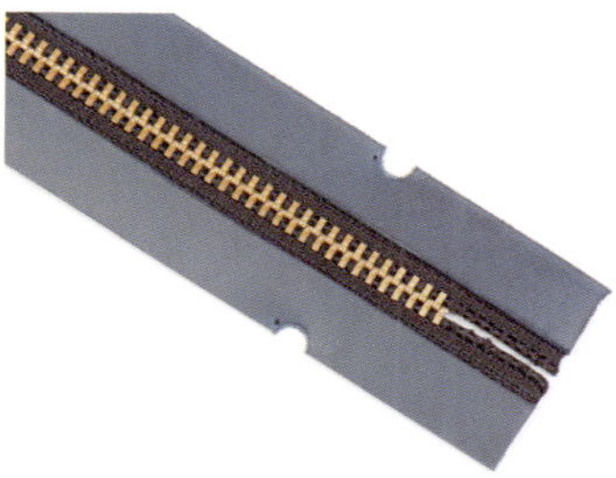

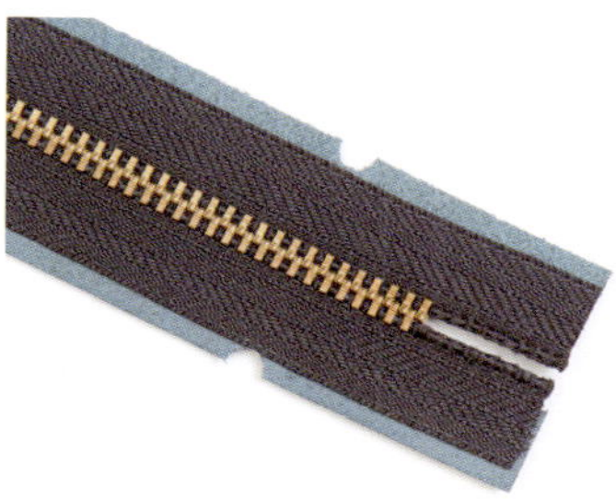

양 사이드 모두 반원형으로 잘라낸 상태. 딱 지퍼테이프 선 언저리까지 파인다.

13

반원 제일 안쪽에서 평행하게 선을 긋고 가죽칼로 잘라낸다.

14

15 테이프 가장자리를 잘라낸 후 라이터로 지져서 올이 풀리지 않게 처리한다.

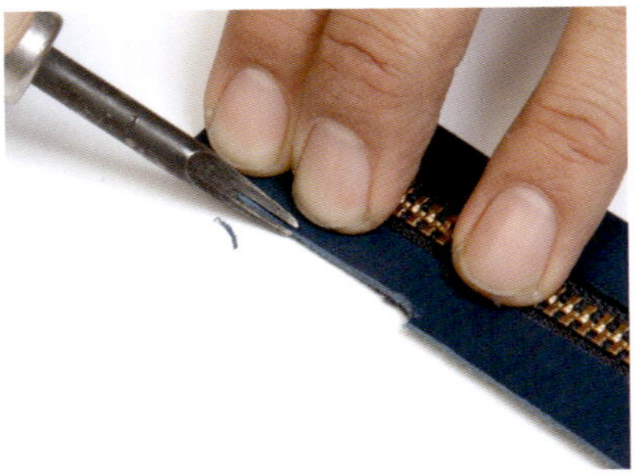

잘라낸 부분 단면을 다듬는다.

16

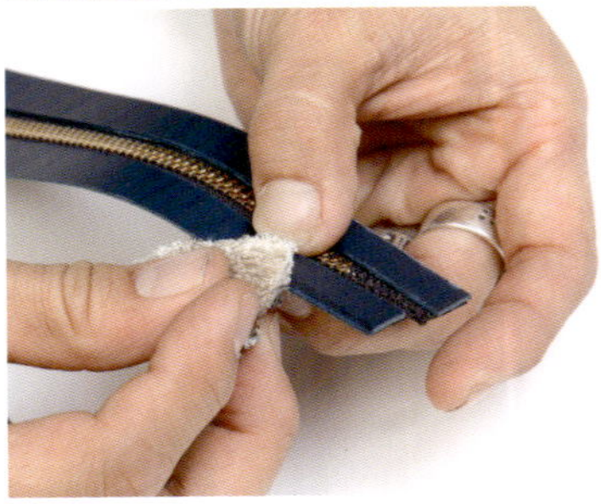

물을 스폰지에 적시고 문질러 단면을 연마한다.

17

단면마감제 등을 사용해서 광택을 낸다. 슬리커나 나무토막 등을 이용하면 좋다.

18

바느질한다

지퍼 양 사이드를 띠 안쪽 끝에서부터 2㎜ 폭으로 바느질한다.

19

띠 양 사이드에 남는 부분이 겉면을 향하게 접는다. 망치로 두들겨 자국을 낸다. 여기가 본체와의 바느질 범위가 된다.

20

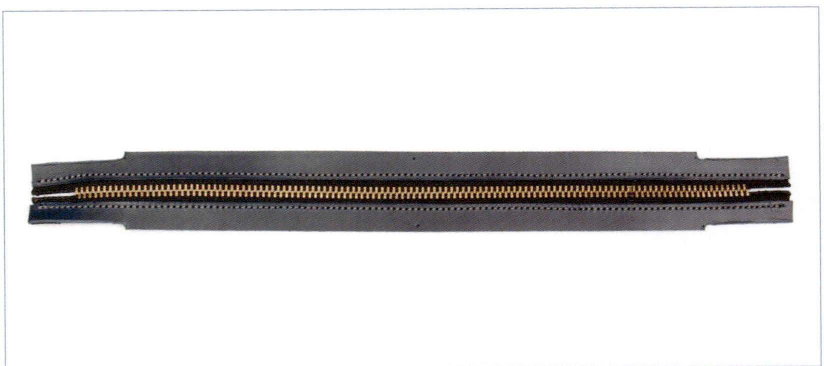

지퍼 양 사이드에 띠를 달면 옆판에 다는 지퍼 완성.

21

본체에 띠를 붙인다

본체 끝에 띠를 바느질한다. 긴 띠를 입체적으로 조립하는 과정에서 밸런스가 무너질 수 있으니 계속 균형을 체크하면서 작업해야 한다

본체 안의 바느질 범위 은면을 깎아낸다. 바느질 범위는, 패턴에 기재된 '바느질 폭'을 참고한다. 패턴에 기재된 표시도 모두 옮겨서 표시한다.

01

본체 안과 띠의 바느질 범위에 고무 접착제를 바른다.

02

한쪽씩 붙이므로 지퍼를 벌린다.

03

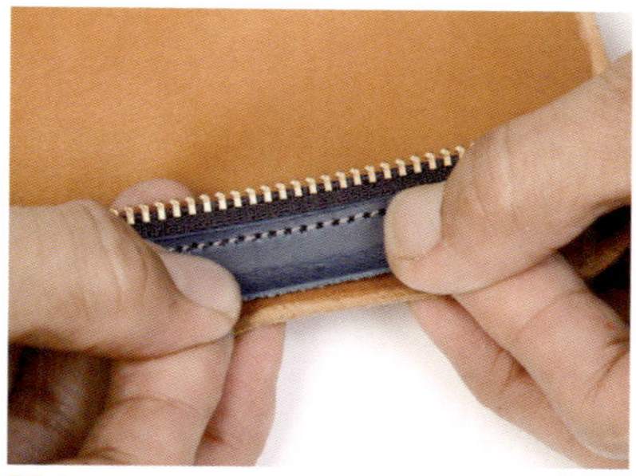

본체와 지퍼 중앙에 찍은 표시를 겹치고(본체 쪽은 패턴에 표시), 직선 부분을 붙인다.

04

05 이어서 바느질 범위 끝을 겹쳐서 붙인다.

06 마지막으로 코너 부분을 붙인다. 띠쪽 끝을 조금 당겨가면서 붙이면 길이가 잘 맞는다.

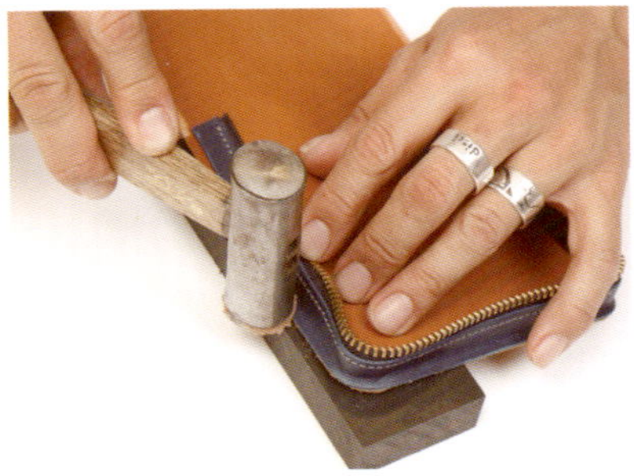

금속 망치로 두들기거나 끝이 평평한 클램프 등으로 집어서 확실히 압착한다.

07

바느질 범위 앞쪽은 안쪽에 직각으로 접어서 늘어뜨린다.

08

09 본체 양쪽에 띠를 붙인 상태. 붙이기 시작할 때 중앙을 맞추고 붙여야 밸런스가 잘 맞는다.

지퍼 꼬리를 바느질한다

지퍼 끝을 지퍼 꼬리로 덮고 본체 안의 내부에 바느질해서 고정한다. 바느질 위치는 패턴에 기재되어 있어 어렵지 않지만, 밸런스가 무너지지 않도록 주의한다.

지퍼 꼬리 겉면만 엣지비벨러로 모서리를 둥글게 깎아준다.

01

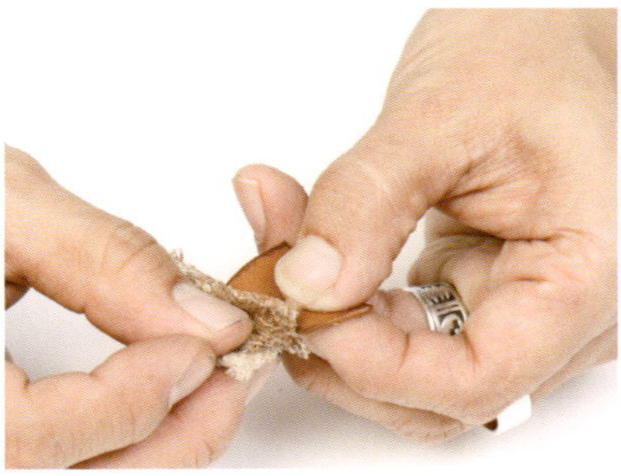

스폰지로 단면에 물을 적신 뒤 천으로 닦아서 광택을 낸다.

02

단면마감제를 바르고, 단단한 나무 등으로 문질러 광택을 낸다.

03

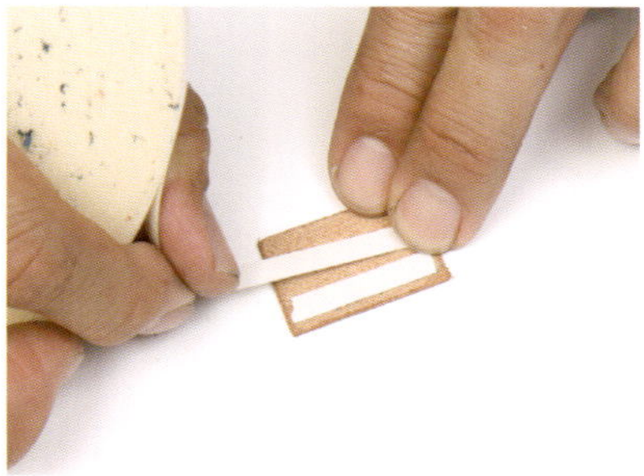

지퍼 꼬리의 내피에 양면 테이프를 붙인다. 양면 테이프가 얇다면 여러 줄 붙인다.

04

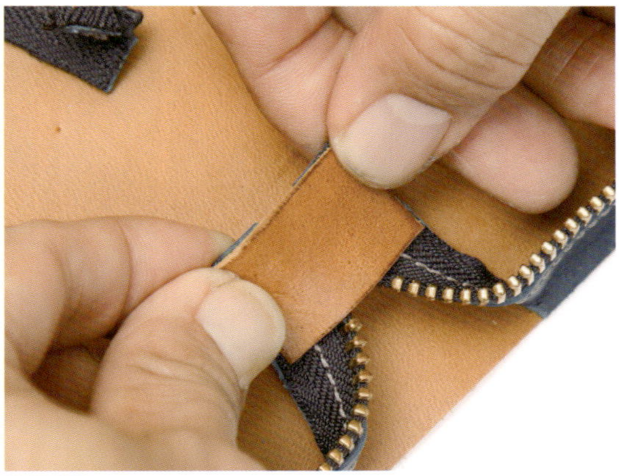

05 꼭짓점과 바깥쪽 끝을 맞춰, 지퍼 꼬리와 띠를 붙인다. 먼저 윗막음쇠 쪽부터 붙인다.

POINT

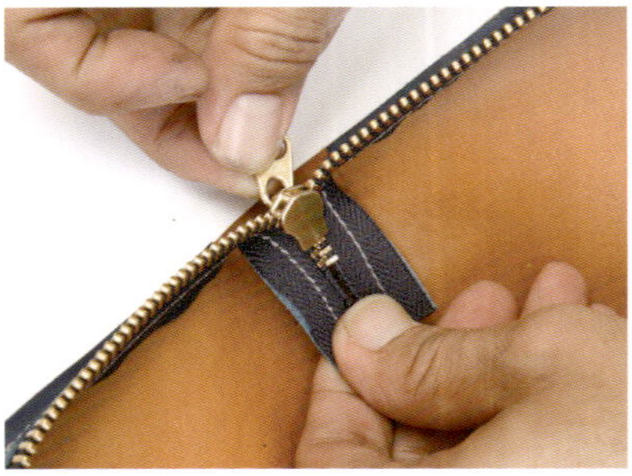

아랫막음쇠 쪽은 지퍼 꼬리를 붙이기 전에 슬라이더를 끼운다.

06

슬라이더를 끼웠다면, 반대쪽도 동일하게 지퍼 꼬리를 붙인다.

07

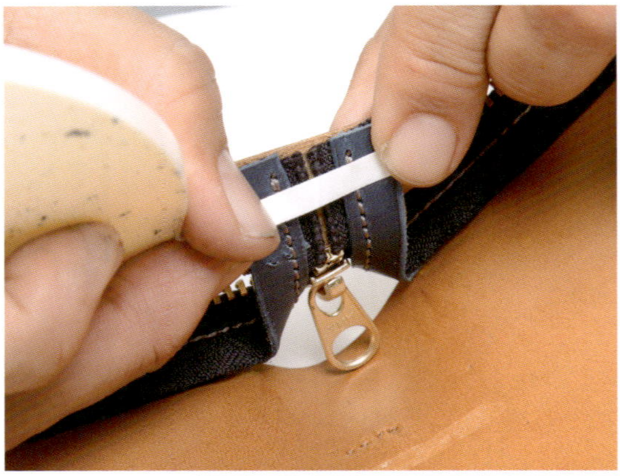

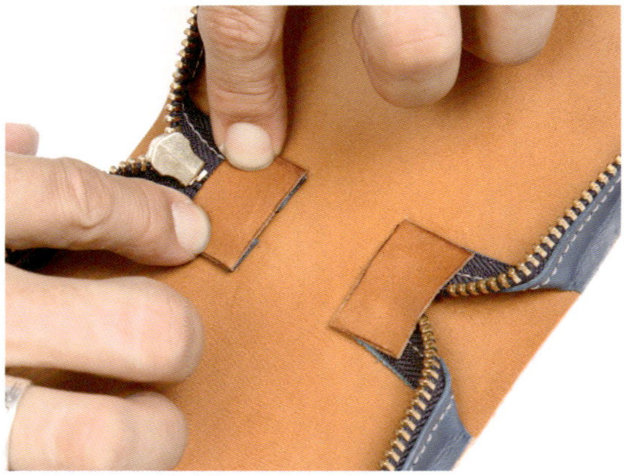

08 추가로 지퍼 꼬리를 붙인 안쪽에 양면 테이프를 바르고, 붙인다.

09 양쪽 모두 붙인 상태. 재봉틀로 박는 경우 살짝 붙여도 괜찮지만 손바느질 할 때는 옆이 벌어지지 않게 확실히 붙인다.

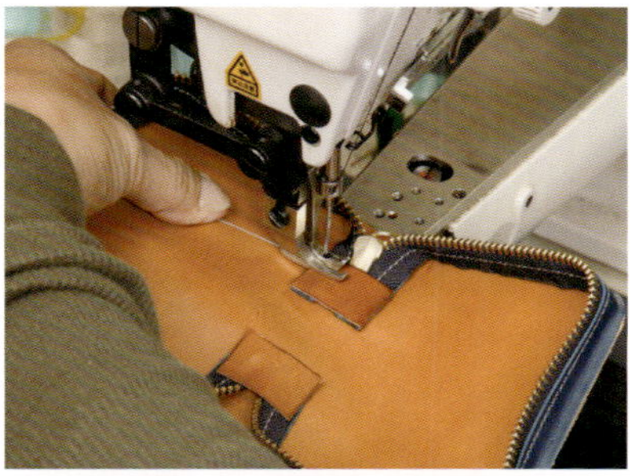

바깥쪽부터 바느질을 시작해서 4면을 바느질한다. 처음 한쪽 모서리는 2번 박아주면 단단하다.

10

양 끝 실을 안쪽에서 자르고, 지퍼를 여닫았을 때 이상 없는지 체크한다.

11

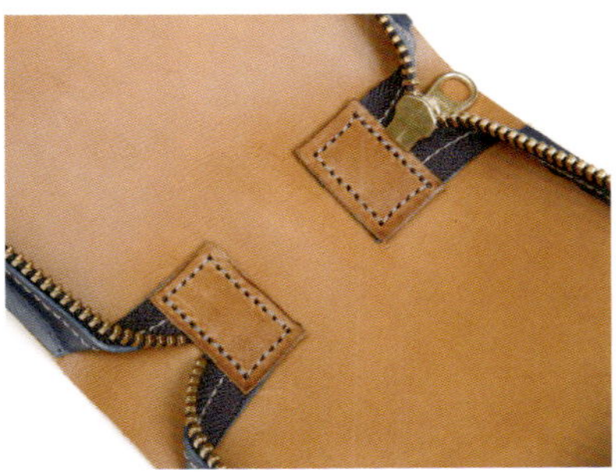

양쪽 지퍼 꼬리를 끝까지 바느질한 상태

12

전체를 조립하고 완성한다

지퍼를 단 후 '본체 안'과 '본체 겉'을 끝만 붙이고 바느질한다. 구부러진 부분을 붙일 때 요령이 필요하므로 주의. 단면을 다듬고 지퍼 풀러를 달면 완성이다.

● 본체의 겉과 안을 바느질한다

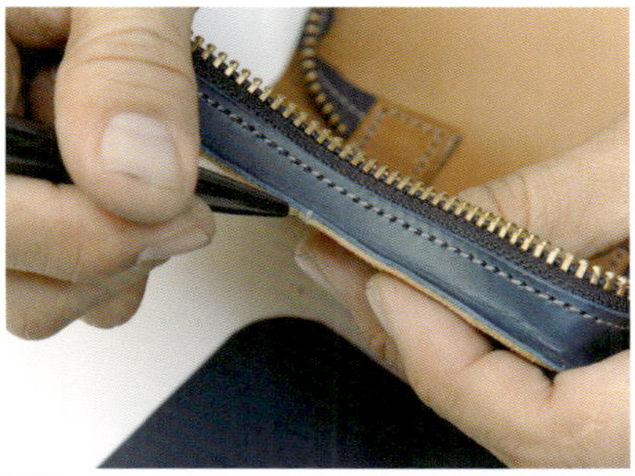

안과 밖 둘다 단면 센터를 표시한다.

01

바느질 범위 끝도 표시한다. 단면에서 보이는 위치에 해놓는다.

02

본체의 사방 끝에서 5㎜ 정도 폭 으로 고무 접착제를 바른다.

03

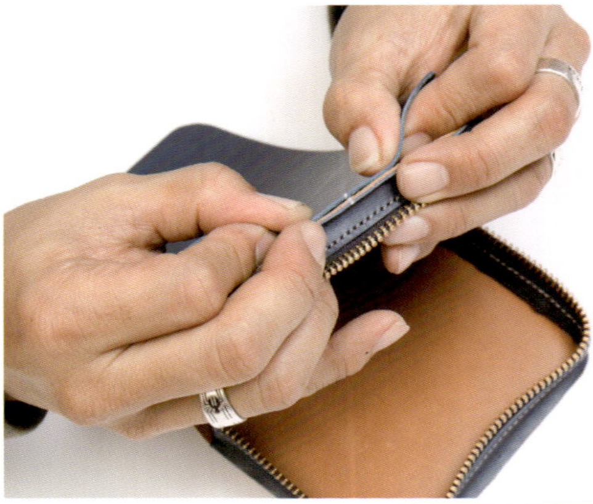

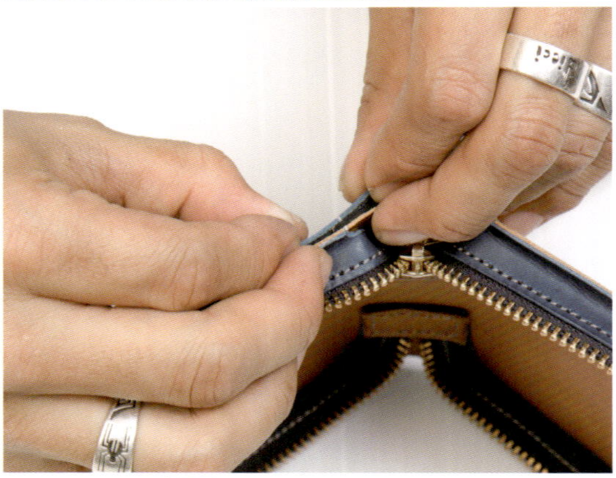

04 앞서 표시한 센터와 바느질 범위 끝 표시를 나란히 맞추고 붙인다.

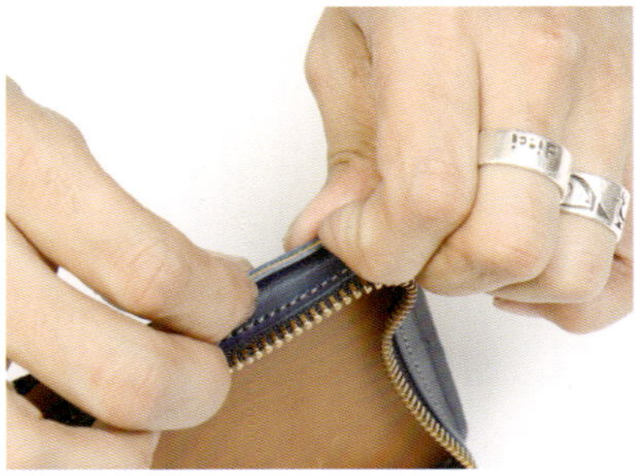

남은 부분을 단면을 맞춰서 붙인다.

05

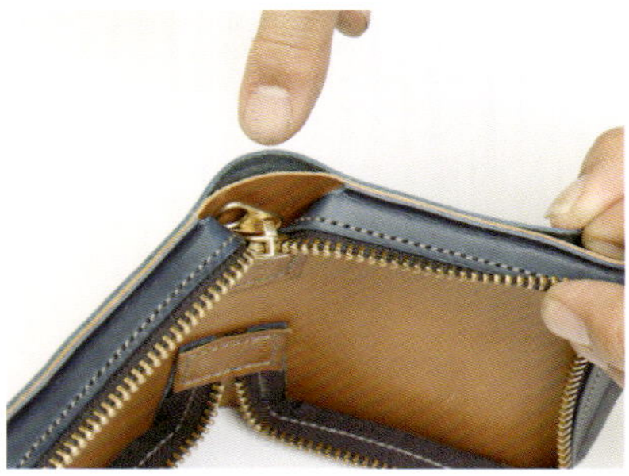

본체겉 쪽이 조금 길기 때문에, 바느질 범위보다 안쪽 중앙 부분에 여유가 생긴다.

06

POINT

07 본체 가운데를 구부린 상태에서 안쪽에서 바깥으로 당기면서 붙인다.

맞붙인 다음은 클램프 등으로 눌러 확실히 압착한다.

08

슬라이더는 바느질할 때 걸리적거리므로 지퍼 끝으로 밀어 숨겨둔다.

09

10 본체 끝을 바느질한다. 바느질 범위 끝의 단차 부분은 이중으로 바느질하면 단단하다.

● 단면을 다듬는다

본체 주위 단면을 사포로 살짝 다듬는다. 꼭짓점은 엣지비벨러로 둥글게 만들어준다.

11

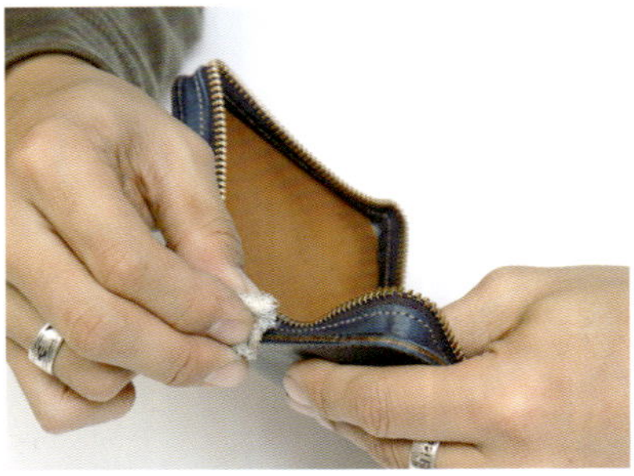

물을 바르고→단면마감제로 광택을 내는 순서. 단면 경계에 가죽 색이 다른 것이 신경 쓰인다면 염색제나 엣지코트로 색을 입힌다.

12

지퍼풀러를 단다

13 지퍼풀러 중앙에 5mm 정도의 칼집을 내준다.

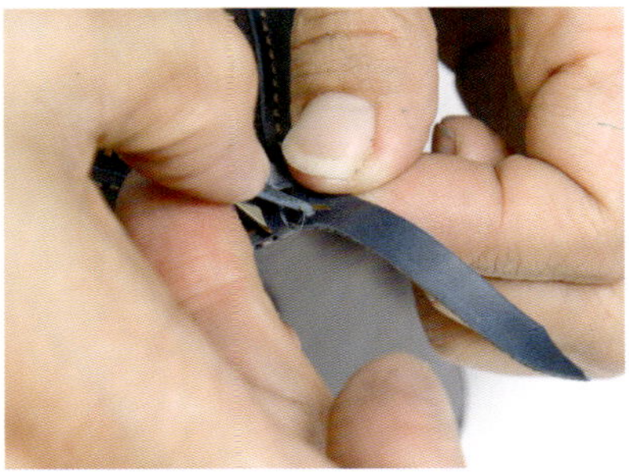

지퍼풀러를 슬라이더의 구멍에 끼우고, 양 끝을 각각 다른 쪽 구멍에 통과해서 달아준다.

14

끝을 나란히 놓고 잘라서 깔끔하게 마감한다.

15

완성

DARK END OF THE STREET

고객 만족도가 높은 맞춤형 제품으로 인기있는 숍

월렛, 백, 벨트 등의 스테디셀러를 중심으로, 다양한 가죽 아이템을 제작하는 Dark End Of The Street, 약칭 DEOS. 진열대에는 오리지널 제품이 전시되어 있지만 오더메이드도 인기 있다. 고객의 요청을 반영하여 와일드, 캐쥬얼, 섬세, 페미닌 등등, 다양한 스타일로 제작할 수 있다. 취재중에도 완제품을 가지러 온 주문 고객들이 많이 다녀갔는데, 기뻐하는 얼굴이 인상적이었다. 개성적인 가위 케이스를 구하는 미용사들 사이에서도 화제가 되는 가게.

또한, 숍의 공방 공간을 이용해서 개최하는 초보자용 손바느질 워크숍도 인기있다. 워크숍의 스케쥴과 커리큘럼은 웹사이트에 공개되어 있으니 관심 있는 분들은 웹사이트를 체크해보기 바란다.

숍에 진열된 제품은 혼자서 만들었다고는 생각되지 않을 정도로 다양한 스타일이 넘쳐난다. 취향과 용도에 따라 오더메이드가 가능하다. 매장에는 과거 맞춤 제작했던 제품의 사진이 있는데, 그 양과 다양함에 놀라게 된다.

나카지마 유타카 씨

가죽 제품을 취급하는 소매와 제조업체를 거친 후 독립해서 DEOS를 오픈. 오리지널 제품을 판매하는 한편, 브랜드 콜라보, 영화 등 제품 협찬, OEM 제작도 다룬다. 잡지, TV 출연도 다수.

SHOP DATA

다크 드 오브 더 스토리

도쿄도 세타가야구 기타자와 노자키빌딩 1F
TEL&FAX 03-3467-3767
OPEN 12:00~21:00
CLOSE 부정기
URL http://www.deos55.com/

시모기타자와 역에서 도보 2~3분. 간토 근교에서는 쉽게 방문할 수 있다. 간판은 흰 바탕에 네이비로 숍 이름이 적혀있다.

[No.07] Pouch with FASTENER ON GUSSET

긴 옆판 달린 지퍼 [파우치]

본판 테두리에 지퍼를 길게 단 옆판을 댄 스탠다드한 스타일의 파우치. 심플한 디자인이지만 안감과 파이핑이 달린 구조이다. 시접해서 더블 스티치, 파이핑 등 복잡한 테크닉이 많이 쓰인다.

제작·디자인 : 기지마 신야(Order R) / 사진 : 가지와라 다카시(Studio Kazy Photography)

긴 옆판, 안감, 파이핑, 시접 등 본격적인 테크닉으로 만들어 개성을 담아낸 작품.

1

1. 안감으로는 천을 사용하되, 무늬 있는 천은 파츠를 잘라내는 방향에 주의한다. 바느질 땀 부분을 띠 파츠(테이프)로 덮어, 자른 입구가 보이지 않도록 감아서(비딩)로 처리한다.

2

3

2. 뒷면은 심플한 디자인으로 포켓이 없다. 로고 스탬프 아래에는 작은 스터드를 2개 정도 달아서 액센트를 준다. 파이핑으로는 내피를 사용해서 심플한 스타일에 강약을 주었다.
3. 지퍼의 양 사이드, 긴 옆판을 연결하는 땀은 더블 스티치로 한다. 단단하게 마감할 수 있고 스티치가 디자인 요소가 된다.

PARTS | 재 료

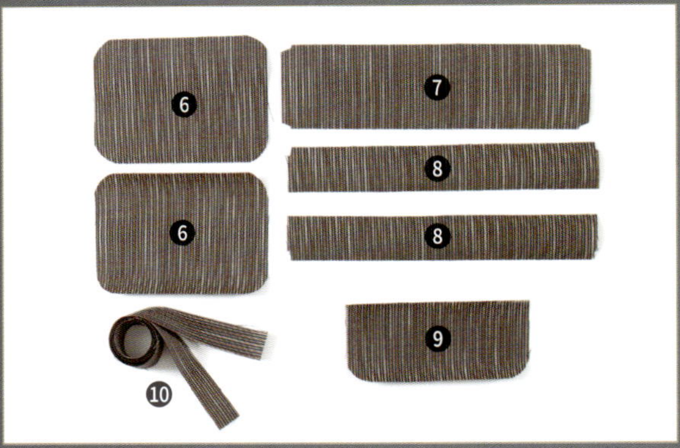

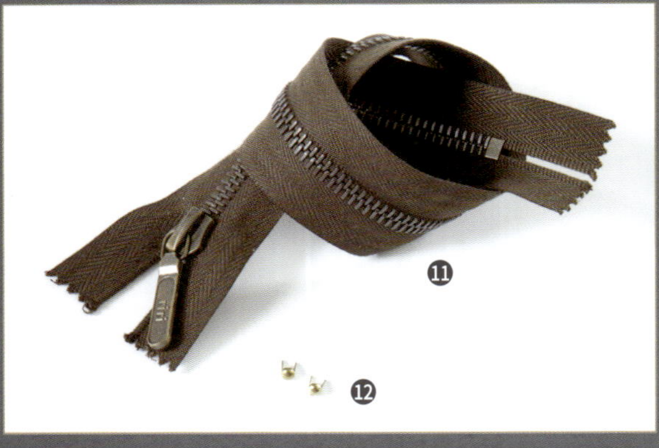

메인 가죽은 두께 1.0㎜ 정도의 소가죽. 가능하다면 각 파츠의 두께를 다르게 하면 좋다. 인스티치이므로 부드러운 가죽이 작업하기 좋지만 자체 장력이 어느 정도 있어야 파우치 형태가 유지되기 때문에 많이 흐물거리는 가죽은 추천하지 않는다.
파이핑 가죽은 메인과 동일해도 되지만 여기서는 포인트를 주기 위해 내피 가죽을 사용했다. 안감은 수예점이나 천 판매점에서 판매하는 안감용 천이면 된다. 손바느질 하는 경우 바느질구멍을 뚫기 쉬운 돈피 같은 얇은 가죽이 좋다.

1. 본판 : 앞판, 뒷판 2장. 두께 1.1㎜ 전후
2. 포켓 : 두께 1.1㎜ 전후
3. 바닥옆판 : 두께 1.0㎜ 전후
4. 입구쪽 옆판 : 2장. 두께 1.0㎜ 전후
5. 파이핑 : 폭 22㎜. 길이 1100㎜이상으로 준비한다. 두께 1.2㎜정도의 내피 가죽을 사용한다.
6. 본체 안감 : 2장
7. 바닥옆판안감
8. 입구쪽 옆판안감 : 2장
9. 포켓안감 : 디 파츠만 겉감과 형태가 다르므로 주의
10. 테이프 : 폭 25㎜. 바느질 범위에 두른다.
11. 지퍼 : 길이 400㎜이상 준비
12. 스터드 : 선호하는 디자인으로 자유롭게 준비

밑준비

각 파츠의 시접 부분과 바느질 범위 부분을 얇게 피할한다. 옆판 파츠의 시접 부분은 양면 테이프(또는 접착제)를 사용하여 시접한다. 바닥옆판은 안팎으로 시접할 때 폭이 다르므로 주의.

● 부분 피할

01 시접은 12㎜ 폭, 두께는 45%. 바느질 범위는 8㎜ 폭, 두께는 55% 정도로 피할한다.

CHECK

시접은 포켓은 상단 끝, 바닥옆판 양쪽, 입구쪽 옆판 안쪽(지퍼 쪽). 그 외에는 전부 바느질 범위가 된다. 파이핑양 사이드도 7㎜ 폭으로 사선피할 한다.

● 옆판을 시접한다

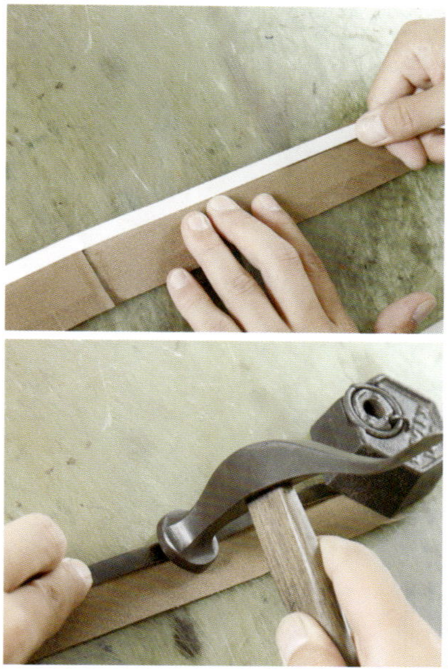

시접 부분에 양면 테이프를 붙이고 뒤집은 후, 금속 망치로 두들겨 평평하게 한다. 바닥옆판과 입구쪽 옆판을 시접하는 폭은 10㎜이지만, 접는 위치를 참고해서 8㎜ 폭의 양면 테이프를 사용한다. 끝에서 시접할 때 가죽이 늘어나거나 구부러질 수 있으므로 끝을 무겁게 누르면서 작업하면 좋다.

02

03 구부릴 때 주름 지지 않도록 안쪽으로 가는 파츠를 짧게 하기 때문에, 바닥옆판 양 끝은 겉을 10㎜ 폭, 안감은 12㎜ 폭으로 시접한다.

CHECK

양면 테이프를 붙일 때는 잘라서 붙이지 말고 시접 부분 전체에 한번에 붙인 후 마지막에 커트한다. 프로가 알려주는 효과적인 테크닉.

지퍼를 준비한다

지퍼를 길이대로 자르고 이빨을 빼서 윗막음쇠와 아랫막음쇠를 단다. 테이프 끝에 보강 테이프를 붙이고, 추가로 핑킹 가위로 자르면 올이 풀어지지 않는다.

01 전체 길이는 280mm. 이빨 길이는 250mm이지만, 양 끝 막음쇠를 다는 길이를 5mm씩 잡으면 총 240mm.

CHECK

입구쪽 옆판 양 끝은 바닥옆판과 10mm 정도 겹쳐 바느질하게 되므로 지퍼 끝이 안쪽으로 들어가야 한다. 테이프 양 끝은 입구쪽 옆판보다 길게 만드는 편이 좋다.

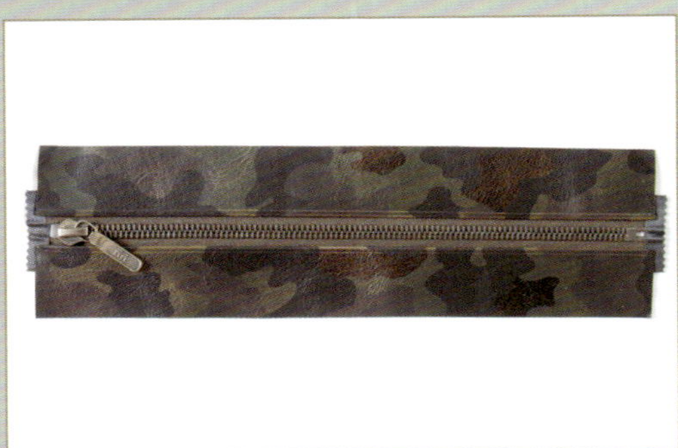

전체 길이에 맞춰 지퍼를 자른 뒤, 올이 풀리지 않도록 끝을 라이터로 지진다.

02

이빨의 총 길이가 240mm이 되도록 이빨을 뺀다(양 끝에서 20mm 씩 빼면 된다).

03

슬라이더를 통과하고 플라이어나 방울집게로, 아랫막음쇠를 누른다.

04

추가로 금속 망치로 두들겨서 확실히 고정한다.

05

POINT

06 테이프 끝(아랫막음쇠에서 55mm 정도 떨어진)에는 보강 테이프를 두른다. 올이 풀어지거나 미싱을 쓸 때 실이 튀지 않게 막아준다.

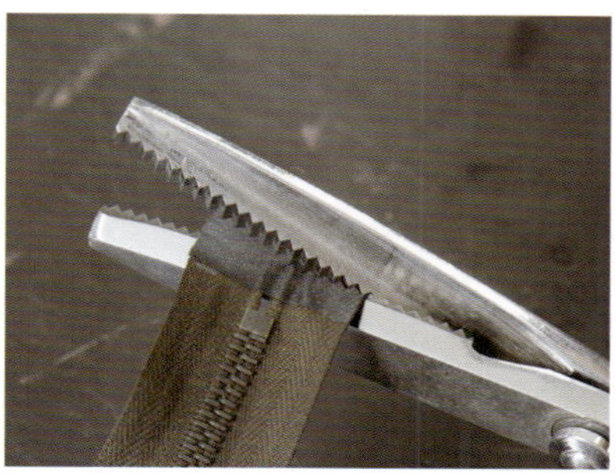

보강 테이프를 7mm 정도 남기고 자른다. 핑킹 가위를 사용하면 올이 풀리지 않는다.

07

가볍게 라이터로 지져준다.

08

09 윗막음쇠 쪽도 동일하게 처리한다. 윗막음쇠 밖에 조금 여유를 둬야 지퍼가 열리므로 주의

CHECK

핑킹 가위는천을 지그재그로 잘라주는 가위. 수예점 등에서 살 수 있다. 하나 장만해 두면 지퍼 다룰 때 편리하다.

연결된 옆판을 만든다

지퍼와 입구쪽 옆판과 바닥옆판을 연결해서 둥근 형태의 연결된 옆판을 만든다. 이 과정에서 안감도 달아둔다. 포인트가 되는 더블 스티치로 모양을 잡아가며 바느질한다

지퍼와 입구쪽 옆판을 붙인다

입구쪽 옆판을 시접한 모서리(내피쪽) 끝에서 2mm 간격을 남기고 4mm 폭의 양면 테이프를 붙인다. 2장 모두 커트하지 않고 붙이면 효과적.

01

02 지퍼를 작업대에 놓고 양 끝에서 당겨 팽팽하게 편다. 이렇게 해 두면 붙일 때 구불거리는 것을 막을 수 있다.

POINT

03 지퍼 양 사이드에 입구쪽 옆판을 붙인다. 이때 바닥옆판을 옆에 나란히 놓고 전체 폭이 동일하게 되도록 주의한다. 입구쪽 옆판 틈은 약 12mm이 된다.

입구쪽 옆판 안감은 사방 테두리 모두 4mm 폭의 양면 테이프를 붙인다. 지퍼에 접하는 모서리는 01와 동일하게 2mm 간격을 둔다.

04

입구쪽 옆판의 안쪽 면에 지퍼를 끼울 수 있게 안감을 붙인다. 여기서는 지퍼쪽 모서리 1개만 붙인다.

05

양쪽을 붙이고 지퍼쪽 가장자리를 꿰맨다.

06

바느질한 후 양끝의 짧은 모서리를 붙인다.

07

CHECK

더블 스티치를 소개한다. 미싱을 쓰는 경우는 4㎜ 간격으로 하면 좋으나, 여기서는 끝에서 2㎜와 6㎜의 더블 라인으로 바느질한다. 손바느질용 굵은 실을 쓰는 경우는 상태를 보고 간격을 5㎜ 정도 늘리면 좋다.

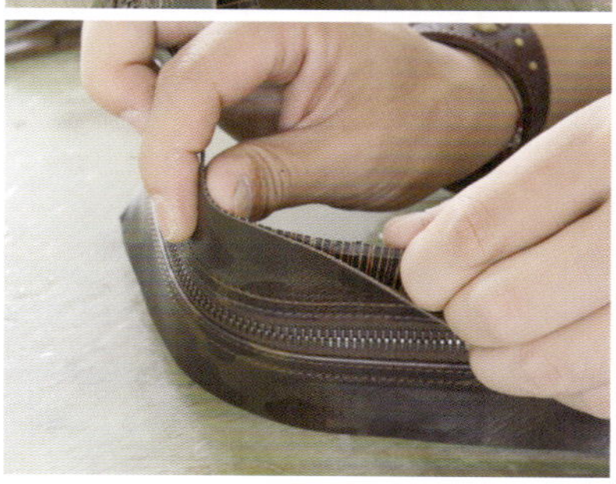

바깥쪽은 본판 모양에 맞춰 2곳을 구부리며 붙인다. 이렇게 하면 꿰맨 후 자연스럽게 커브가 진다.

08

옆판을 연결한다

바닥옆판 양 끝 접은 선에서 2mm 떨어져서 4mm 폭의 양면 테이프를 붙이고, 지퍼 끝에 맞춰 접착한다. 슬라이더를 마지막까지 닫았을 때 틈새가 없어야 하므로 확인한다.

09

바닥옆판안감 네 모서리에 양면 테이프를 붙인다. 양끝의 짧은 모서리는 겉과 동일하게 끝에서 2mm 띄운다.

10

양끝 양면 테이프만 종이를 떼넨 뒤 입구쪽 옆판을 끼우듯이 하여 바닥옆판 뒤에 붙인다.

11

POINT

본판 형태에 맞춘 커브를 만들면서 양 사이드의 2개의 모서리도 붙인다. 안감 쪽이 조금 짧기 때문에 주름을 잡지 않고 붙인다.

12

바닥옆판의 양 끝을 더블 스티치로 바느질한다. 안감의 붙이는 위치가 어긋나면 실이 제대로 걸리지 않기 때문에 꿰매기 전에 체크하는 것이 좋다.

13

14 양 끝을 바느질한 상태

본판을 만든다

포켓은 안감를 붙인 뒤에 윗단을 시접하고 바느질 한다. 본판은 안감과 맞붙이기만 하는데, 맞붙이는 면적은 끝에서 10㎜ 정도이기 때문에 주의. 한쪽 본판에 포켓을 달 홈 표시를 넣으면 완료.

포켓을 만든다

01 포켓의 시접 부분(7㎜ 폭)에는 4㎜의 양면 테이프를 붙이고, 그 외의 부분은 끝에서 약 5㎜ 폭으로 접착제를 바른다.

02 포켓안감은 상단에 4㎜ 폭의 양면 테이프를 붙인다. 그 외 부분은 끝에서 약 5㎜ 폭으로 접착제를 바른다.

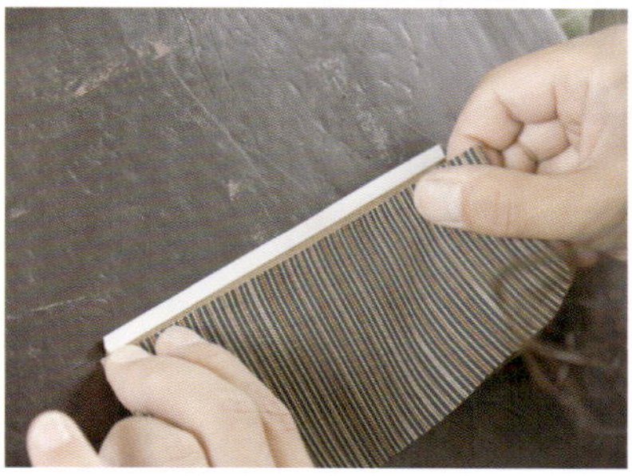

03 안감에 붙인 테이프의 종이를 떼고 시접에 맞춰 붙인다. 이어서 안감에 주름이 지지 않도록 주의하면서 다른 부분도 붙여나간다. 주름을 펼 때는 바깥쪽을 향해 문지르면 된다.

CHECK

안감에 붙인 테이프의 종이를 떼내고, 시접 접힌 선을 따라 붙인다. 안감에 주름이 가지 않도록 주의하면서 다른 부분도 맞붙인다. 주름을 펼 때는 항상 바깥을 향해 문지른다.

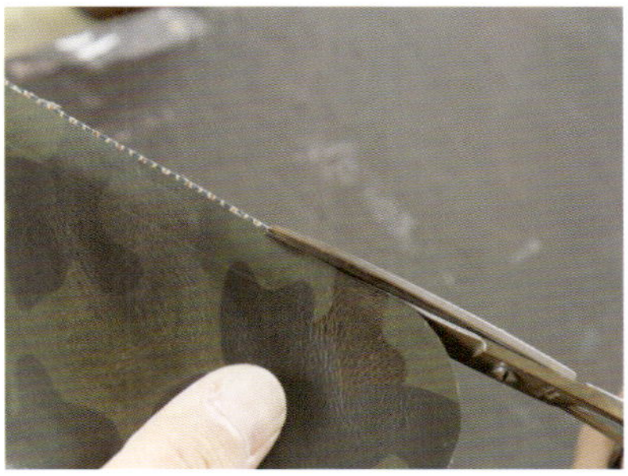

04 부드러운 안감을 쓸 때는 붙인 뒤 늘어나는 경우가 있다. 이때는 가위로 튀어나온 부분을 자른다.

시접 부분에 붙여 둔 양면 테이프의 종이를 떼낸다.

05

06 상단을 접고 금속 망치 등으로 두들겨 압착한다. 아래는 시접한 상태.

겉에서 두들겨 두께를 평평하게 만든다.

07

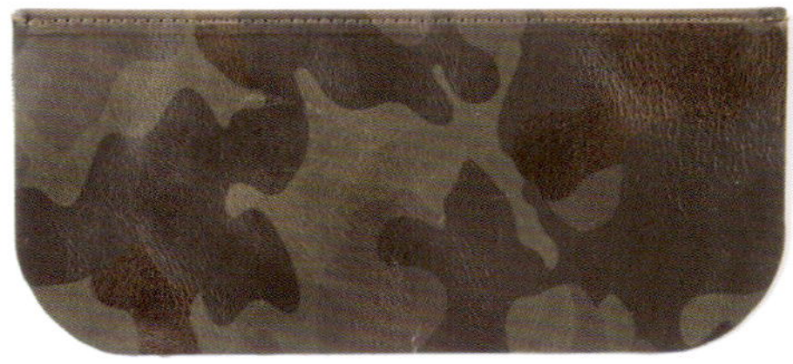

08 시접한 부분을 바느질해서 보강한다.

본판에 안감을 붙인다

본판과 안감의 양 파츠의 주위를 끝에서 10㎜의 범위까지 접착제를 바른다.

09

끝을 가지런히 해서 붙인다. 포켓도 동일하게 주름이 잡히지 않도록 바깥을 향해 문지르며 붙인다.

10

11 2장의 본판에 안감을 붙인 상태

포켓을 붙이고, 바느질 표시를 낸다

패턴의 '포켓 붙이는 위치'를 본판 파츠에 표시한다. 아래 사진은 붙이는 위치의 은면에 프라이머(접착보조제)를 바른 모습. 프라이머가 없으면 사포나 커터로 은면을 거칠게 깎아준다.

12

포켓 상단의 남긴 부분 끝에서 약 5㎜의 폭으로 접착제를 바른다.

13

본판에 포켓을 붙여서 연결하고 금속 망치로 두들겨서 압착한다.

14

본판 상하 모서리에 패턴에서 가운데 위치를 표시하고, 깊이 2㎜ 정도의 V자 칼집을 낸다. 이것이 옆판과 맞붙일 때 표시점이 된다.

15

POINT

16 이것으로 본판 준비는 완료. 다른 한쪽 본판에는 포켓을 달지 않기 때문에 절개선을 넣는다.

본판에 파이핑을 붙인다

띠로 된 가죽을 반으로 접어 파이핑을 만들고, 본판 끝에 붙인다. 코너 부분에는 칼집을 넣어 자연스럽게 구부린다. 이음매는 작은 가죽으로 감싸는 방법을 소개한다.

● 파이핑을 만든다

01 가운데에 접착제를 바르고 폭 8㎜ 정도의 마스킹 테이프를 붙인다. 도구는 작은 솔 등을 추천.

마스킹 테이프를 떼어내면 가운데 부분만 접착제가 발리지 않은 상태가 된다.

02

양 끝을 마주보게 놓고 접으면서 붙여 나간다.

03

04 접는 선은 누르지 말고 붙인 부분만 압착한다.

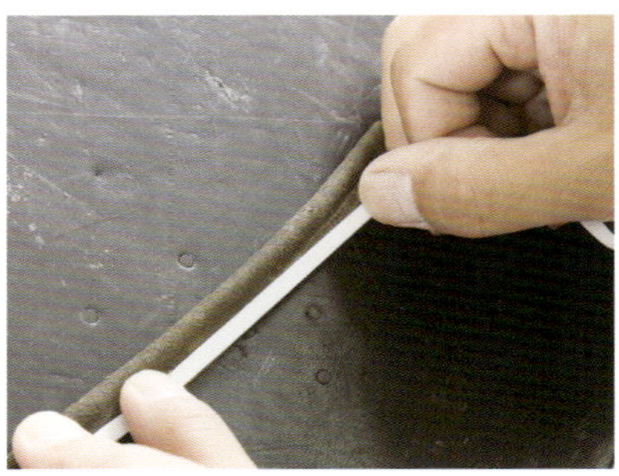

끝에 3㎜ 폭의 양면 테이프를 붙인다.

05

CHECK

파이핑은 바느질 후에도 가죽이 둥근 형태로 유지되면 이상적이다. 안에 파이핑 심을 넣어 동그랗게 만드는 방법도 있지만 사용하면서 가죽이 찢어져 심이 드러나기도 하기 때문에 여기서는 심 없이 가죽만 사용했다.

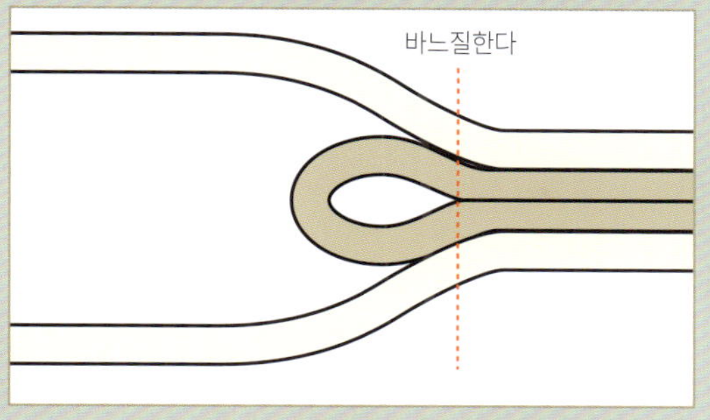

바닥 가운데부터 본판에 파이핑을 붙인다(P.163의 15에서 낸 칼집에 맞춘다).
코너 시작 위치와 종료 위치에 표시한다.

06

표시한 사이가 매끄럽게 구부러지도록 끝에서 3mm 간격, 깊이 4mm 정도의 칼집을 낸다.

07

CHECK

커브를 붙이는 부분의 칼집은 되도록 간격과 깊이를 균등하게 해야 부드럽게 구부러진다. 가죽칼을 좌우로 바꾸어 들면서 같은 간격으로 재빨리 칼집을 낼 수 있도록 미리 비닐판 등으로 연습하면 좋다.

08 코너 부분을 붙여보고 깨끗하게 커브가 그려지는지 확인한다.

한 바퀴 돌려서 붙인 다음 끝을 모아서 표시하고 커트한다.

09

● 이음매를 붙인다

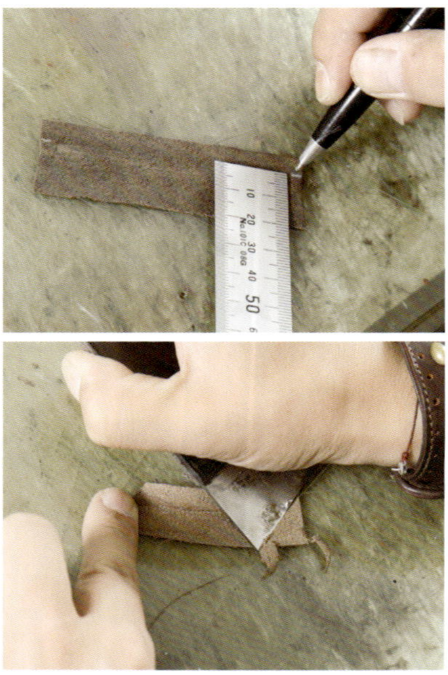

남은 파이핑(길이 50mm 정도 남으면 OK)을 폭 20mm로 커트하고, 이음매 가리개를 만든다. 양끝은 피할해서 얇게 만든다.

10

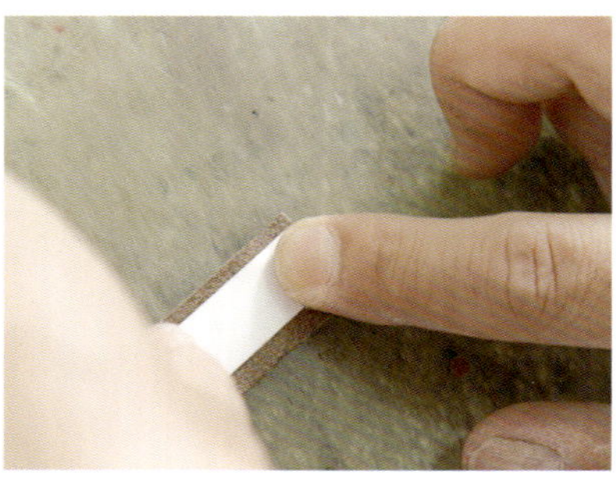

뒷면 가운데에 폭 15mm 정도 양면 테이프를 붙인다(폭 8mm 양면 테이프를 2열 붙여도 OK).

11

POINT

파이핑 양 끝을 한 번 떼어 내고 이음매를 붙이는 20mm 범위에 접착제를 바른다(미리 사포로 긁어두던가 프라이머를 발라놓는다).
이음매 가리개 끝은 안쪽으로 해서 붙인다.

12

양면 테이프의 종이를 뗀 뒤 남는 여유 없이 파이핑 이음매에 감싼다.

13

금속 망치 등으로 두들겨 압착한다.

14

이음매 가리개의 튀어 나온 부분은 잘라낸다.

15

16 본판 2장 모두 같은 순서로 파이핑을 붙인다.

CHECK

미싱으로 바느질하는 경우 바느질 구멍이 작으므로 끝에서 2mm 정도 가봉한다. 가봉하면 붙이는 도중 떨어지지 않는다.

본판과 옆판을 바느질한다

본판과 옆판 끝을 4mm 폭 양면 테이프로 붙이고 주머니 모양으로 조립한다. 계속해서, 임시로 고정하고 형태를 확인한 후 잘린 입구에 테이프를 붙이고 양면을 바느질한다. 마지막으로 뒤집으면 완성.

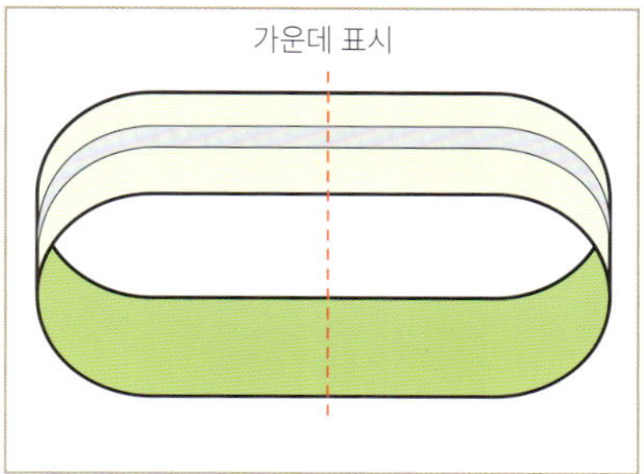

옆판 가운데 표시를 한다.

01

02 옆판 끝 4mm 폭에 프라이머를 바르고(은면을 긁어내도 OK), 4mm 폭 양면 테이프를 붙인다.

03 본판, 옆판의 중앙 표시를 맞춰 붙인다.

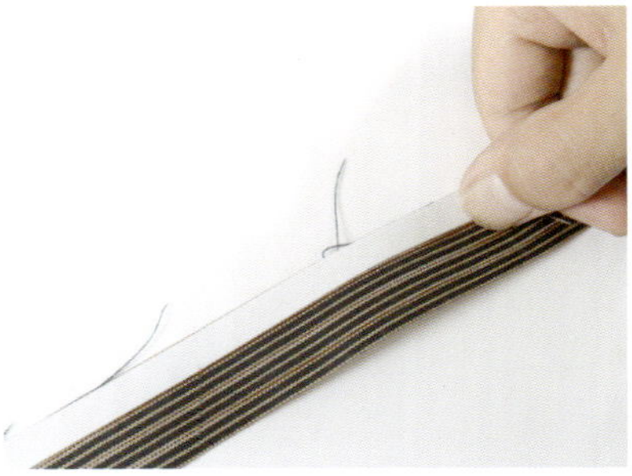

잘린 입구에 붙이는 테이프 양 끝에 폭 8㎜의 양면 테이프를 붙인다.

04

CHECK

네 모서리의 중앙을 가볍게 바느질하고, 균형이 맞는 위치에 가봉해 놓으면 작업이 쉽다. 마지막에는 폭 6㎜ 정도로 바느질하기 때문에 가봉 시에는 2㎜ 정도만 바느질해 놓으면 감춰진다.

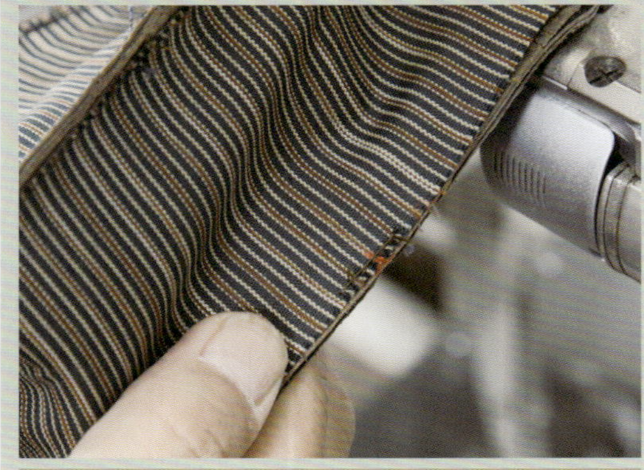

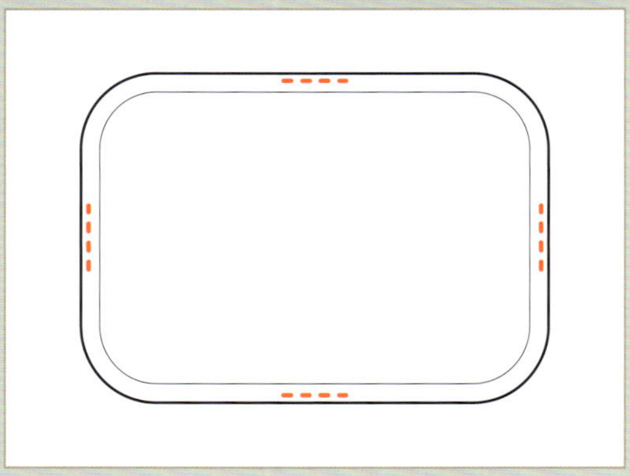

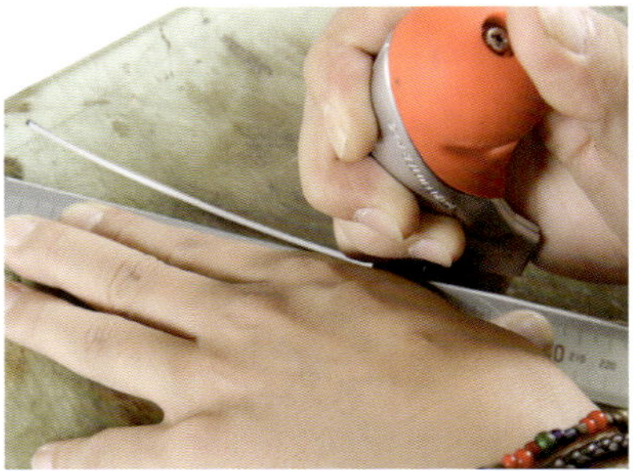

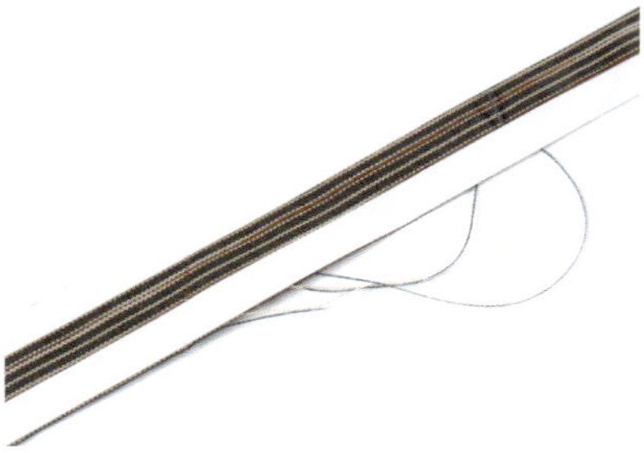

테이프의 양 사이드를 양면 테이프와 함께 1㎜자른다. 이렇게 하면 잘린 천이 풀리는 것을 방지하는 효과가 있다.

05

옆판 쪽 끝에서 10㎜ 라인을 긋고 여기에 맞춰 테이프를 붙인다. 바닥 가운데서부터 붙여 나간다.

06

한 바퀴 붙인 뒤에는 10mm 정도 겹쳐서 커트한다.

07

08 테이프를 접은 후 여유를 두지 않고 본판 옆까지 단다. 코너 부분은 주름이 질 수 있으므로 옆판쪽이 뒤로 젖혀지도록 붙여서 여유를 없앤다.

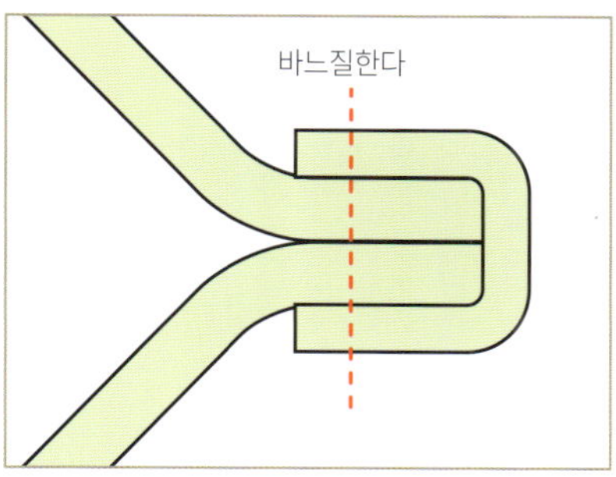

테이프 접은 부분부터 6mm 안쪽을 한 바퀴 바느질한다. 손바느질할 때는 옆판쪽에서 바느질선을 긋고 목타를 친 후 마름송곳으로 구멍을 뚫는다.

09

양면 모두 바느질이 끝나면 뒤집어서 형태를 만든다.

10

완성

SHOP INFORMATION

Shinya KIJIMA / Order R

디자인, 제작에 머무르지 않고 인재 육성에도 매진하는 디자이너

구두, 지갑, 양복, 가죽소품을 만드는 '오더 R'의 디자이너, 강사, 수제작 등 다양한 필드에서 활약하는 기지마 씨. 'Shinya KIJIMA'이라는 브랜드 디자이너로서, 가죽제품뿐 아니라 선글라스, 악세서리, 어패럴 등 다양한 패션 제품에 손을 대고 있는 다재다능한 작가이다.

교육에 있어서도 프로여서 전문학교에서 구두 제작 기술과 디자인 지식을 가르치는 강사로서 인재를 육성하는 자체 학원도 운영하며 학생들에게 기술과 지식을 전수하고 있다.

'오더 R' 공방에서 열리는 수업은 취미레벨에서 실제 공방 개업을 목표로 하는 프로 코스까지 다채롭다. 기지마 씨를 사사한 많은 학성들이 프로로서 일본에서 활약 중이다.

공방 앞에 있는 매장에는 상품 이외에도 기지마 씨의 크리에이티비티를 느낄 수 있는 여러 아이템이 전시되어 있다. 프로 코스는 반년 정도 걸리며 기술만이 아니라 샵 오픈, 판매, 원가 계산 등 경험에 기초한 지식을 알려주고 있다. 취미 수업도 제대로 된 작품을 만들 수 있어서 인기 있다.

기지마 신야 씨

어패럴과 구두 판매업을 경험한 후 제작기술을 배우면서 슈핏터 자격을 취득하고 '오더 R'을 개설했다. 수상경력도 많아서 최근 도쿄 마이스터, 키타구 마이스터에 선정되었다.

SHOP DATA

오더 R

도쿄도 키타구 호리후네 3-32-3
TEL&FAX 03-6240-8176
URL http://homepage2.nifty.com/kijim-earl/
BLOG http://leather-order.jugem.jp
Mail leather-order@r.nifty.jp

키타구 호리후네에 있는 매장과 학원을 겸한 공방, 신발과 가죽제품을 만드는 설비가 잘 되어 있다.

기지마씨가 감수한 「디자이너 기지마 신야가 만드는 가죽소품」이 절찬리에 판매중.

자 료 집

다양한 아이템에 활용할 수 있는 풀러를 패턴과 함께 소개한다. 또한 이 책에 나오는 제작 순서에도 등장하는 지퍼 가공 테크닉을 자세히 알려준다.

여러 종류의 풀러

슬라이더에 달린 디폴트 지퍼 풀러나 시판되는 디자인 풀러도 괜찮지만, 핸드메이드 작품을 만든다면 자작 풀러를 달아 개성을 뽐내보자. 작품과 동일한 가죽을 써서 일체감을 주고 작품 전체의 완성도도 높일 수 있다.

❶ 묶는 리본

화려하고 작품 전체에 액센트도 줄 수 있는 풀러 타입. 일반적으로 두 번 묶는데, 많이 묶을수록 스타일도 달라진다. 패턴에는 얇은 타입, 두꺼운 타입 두 종류를 소개하였으므로 작품에 따라 골라 쓰도록 하자.

STEP 순 서

1 얇고 길게 자른 리본 중앙에 칼집을 낸다.

2 슬라이더나 링을 통과하고, 한쪽 끝을 칼집 사이로 꺼낸 후 잡아당긴다.

3 다른쪽 끝도 칼집으로 통과한 후, 묶어서 형태를 잡아준다.

■ 얇은 타입 ※ 링 사이즈 5~8mm

■ 두꺼운 타입 ※ 링 사이즈 8~10mm

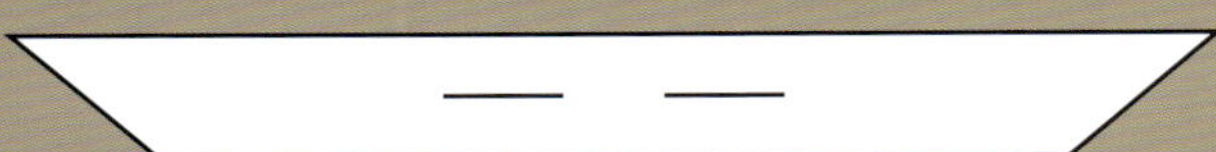

❷ 끈

슬라이더나 고리 구멍 내경보다 조금 더 얇은 폭으로 자른 가죽을 고리에 감으면 완성. 만드는 법이 간단하고 심플하면서도 어떤 작품에도 잘 어울리는 것이 매력. 어느 정도 길이가 있는 편이 사용하기도 편하고 디자인적으로도 돋보인다.

❸ 끼우는 벨트

벨트 모양 파츠에 구멍을 뚫고 반대쪽 슬릿으로 통과해서 매듭짓는 디자인. 아래에 기재한 패턴은 슬릿이 2개 나 있는 타입이지만, 1개로 해도 괜찮다. 슬릿은 칼로 만들어도 되지만 양 끝은 3호(0.9㎜) 원형 펀치로 뚫으면 좋다.

❹ 고정 도트

슬라이더 풀러의 구멍에 직접 도트를 박아 고정한 풀러. 금속 질감의 조화로 심플하면서도 존재감이 있다. 패턴의 표시 위치에서 큰 사이즈의 도트에 맞는 원형 구멍(원형 펀치 8~10호)을 뚫고 풀러와 파츠에 맞춰 끼워넣은 후 도트를 박으면 완성.

오른쪽 패턴에서 사용하는 도트는 큰 사이즈. 안쪽 면도 보이므로 양면형 도트를 사용하길 추천한다.

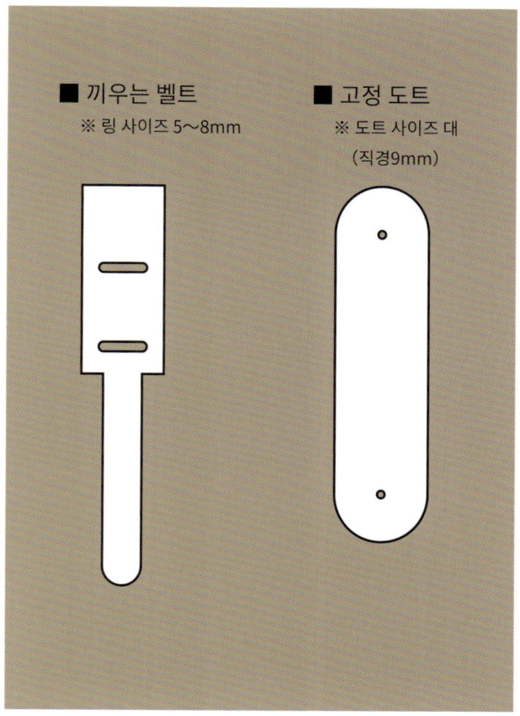

❺ 바느질 풀러

D링(O링도 OK)에 가죽을 통과한 후 바느질로 합체해서 고급감이 드러나는 풀러. 작품 본체와 동일한 가죽을 쓰면 통일감도 주고 전체의 완성도와 품격도 올라간다. 손이 많이 가지만 그만큼 핸드메이드 느낌을 낼 수 있어서 도전해 볼 가치가 있다. 가운데 사이즈가 작은 보강재(패턴의 얇은 선)를 넣으면 중앙이 불룩하게 올라와서 고급감이 더해진다.

STEP 순 서

1 패턴대로 가죽(두께 1~1.5㎜)을 자른다. 한쪽만 정재단하고 다른쪽은 가재단한다.

2 링에 걸기 전에 테두리를 다듬는다. 링에 닿는 양 사이드 단면을 연마해서 마감한다.

3 보강재를 넣는 경우는 가운데에 접착제를 바르고 붙인다.

4 파츠를 구부리고 링을 통과한 후 접착제를 바르고 맞붙인다.

5 가재단해서 남는 부분을 자르고 보강재 바로 바깥쪽을 잘 압착한다.

6 바느질 구멍을 뚫고 바느질한다. 링 주변은 사진처럼 실을 밖으로 묶어 보강한다.

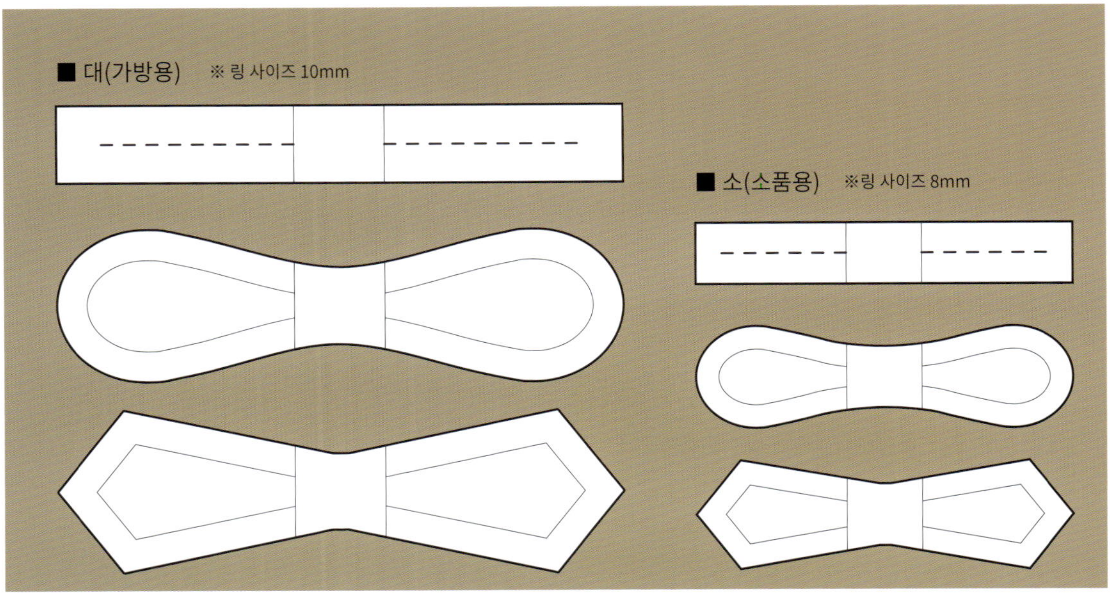

❻ 테슬

직사각형 가죽에 잘게 칼집을 낸 후 한쪽을 돌돌 말아 테슬 형태 풀러로 사용할 수 있다. 바느질 풀러처럼 손이 가는 작업이지만 존재감 있고 작품 완성도도 올라가는 풀러. 사용하는 가죽 두께에 따라 말았을 때 두꺼워질 수도 있으니 감안해서 피할하거나 패턴 폭을 조절하는 게 좋다. 또한 폭이나 길이에 따라 느낌이 달라질 수 있다. 테슬 헤드(테슬에 끼우는 금속장식)를 끼우면 고급감이 더 살아난다.

STEP 순 서

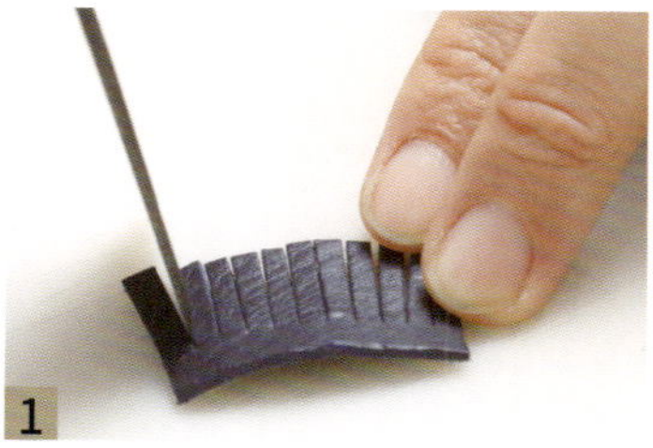

1 일정한 간격으로 칼집을 넣는다. 선을 미리 긋고 자르면 안전하다.

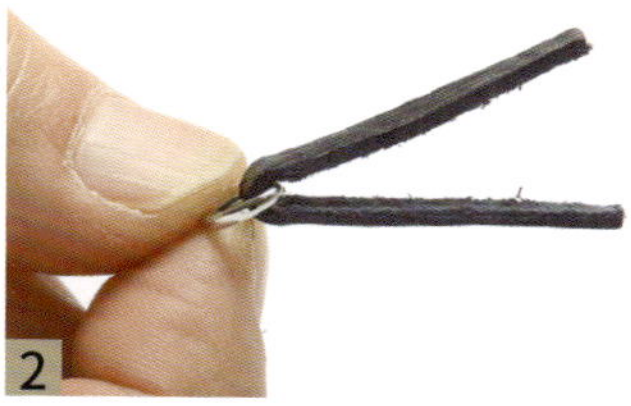

2 링에 얇게 자른 가죽끈을 통과시킨다.

3 끈 가죽을 맞붙이고, 바깥쪽에도 접착제를 바른다.

4 본드 바르는 위치에 접착제를 바르고 링에 통과한 끈을 끼워 돌돌 만다.

5 튀어나온 끈을 잘라낸다.

6 돌돌 만 상태. 링에 건 끈과 테슬은 한땀 바느질해 주면 더욱 튼튼하다. 헤드를 쓰는 경우 도트형이 편하다.

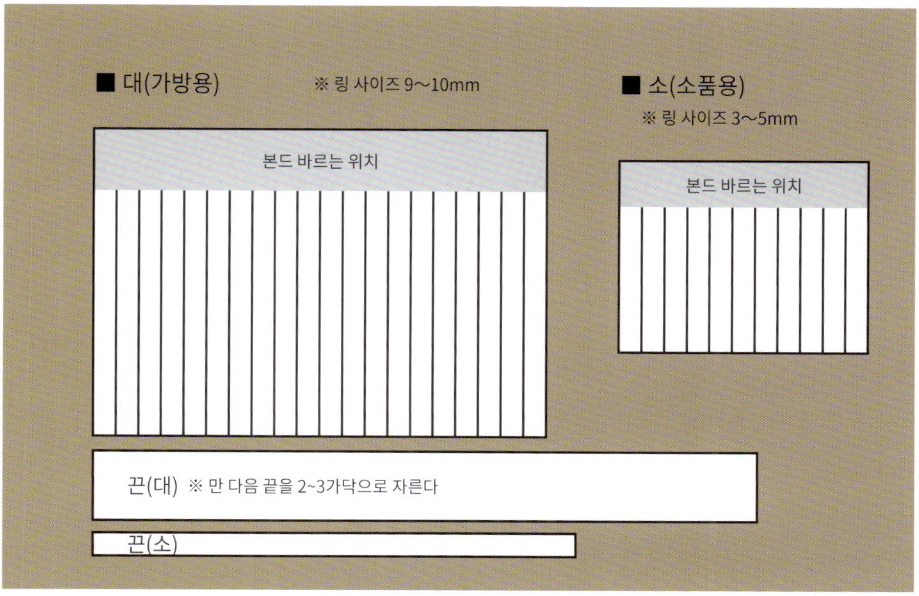

지퍼 가공 요령

이빨을 빼고 윗막음쇠와 아랫막음쇠를 달고, 원하는 길이대로 마감하는 지퍼 가공 테크닉. 작업 포인트와 깔끔하게 마감하는 요령을 알려준다. 남는 지퍼로 연습해 보자.

이빨을 뺀다

니퍼나 방울집게로 다리를 잡고 뿌리까지 자르는 방법이 스탠다드. 정확한 위치를 자르면 뽁하고 자연히 빠진다. 얕게 자르면 다리가 남을 수 있고 너무 깊게 잡으면 테이프가 상처나기 때문에 정확한 위치를 잘 잡아서 잘라내도록 연습하자.

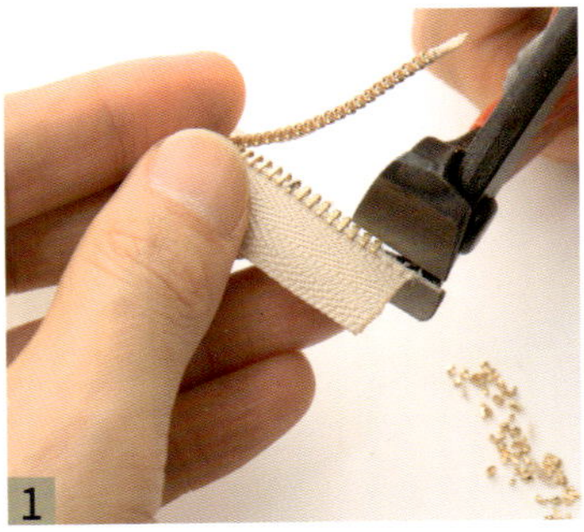

1

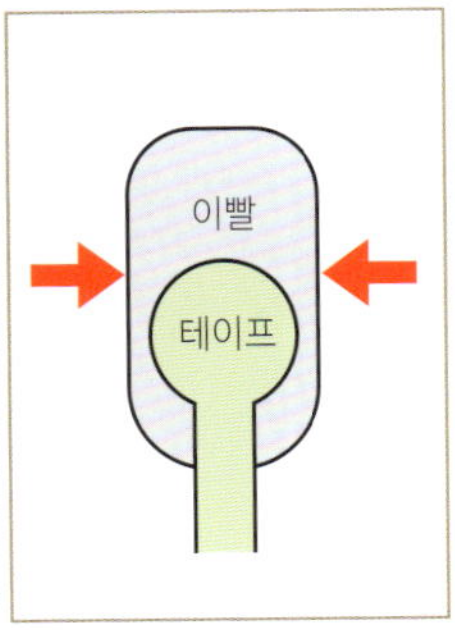

테이프를 물고 있는 다리 부분의 뿌리를 집고 니퍼로 커트한다. 한번에 3개 정도를 자를 수 있다. 잘린 이빨이 튀기 때문에 보호 안경을 끼는 등 안전 장치를 하는 것을 추천.

2

자른 부분이 얕아서 다리만 남은는경우가 있다.
이럴 때는 니퍼를 오른쪽 사진처럼 세로 방향으로 살짝 집어서 다리를 벌린다.

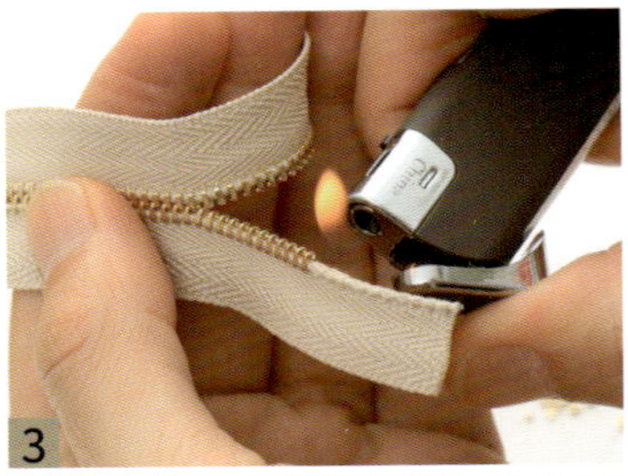

3

자르는 부분이 깊으면 이빨은 빠지지만 테이프에 상처가 난다. 이때는 라이터로 올이 풀린 부분을 태워서 사용한다.

아랫막음쇠를 단다

똑바로 다는 것이 의외로 어렵다. 느슨하게 고정하면 지퍼가 빠져나오는 비극이 발생한다. 처음에 조금만 박고 앞쪽 끝을 테이프에 물리게끔 하는 것이 포인트.

1

윗막음쇠를 살짝 눌러서 테이프에 끼울 정도의 공간만을 남긴다.

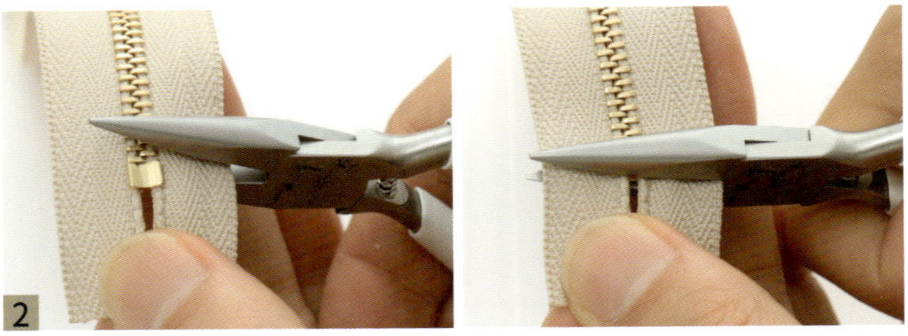

2

이빨의 바로 옆을 플라이어나 라디오펜치 같은 가죽공예용 도구로 집는다.
살짝 앞쪽에 힘을 주면서 테이프를 잡는다.

3

아랫막음쇠 앞쪽을 금속망치로 정확하게 두들겨 확실하게 고정한다.

윗막음쇠를 단다

윗막음쇠도 아랫막음쇠와 동일하게 끝을 테이프로 막고 확실하게 고정할 필요가 있다. 또한 부착 위치가 어긋나면 안 좋기 때문에 이빨이 많은 쪽은 테이프 바로 위에 부착하고, 다른쪽의 윗막음쇠는 이빨 많은 쪽과 동일한 높이로 맞춰서 단다.

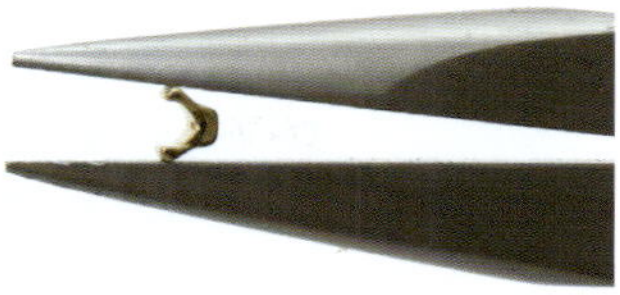

1
아랫막음쇠 역시, 테이프에 물릴 정도로 미리 구부린다.

2
슬라이더를 아슬아슬하게 닫고 이빨이 많은 쪽이 어디인지 확인한다. 이 사진에서는 오른쪽.

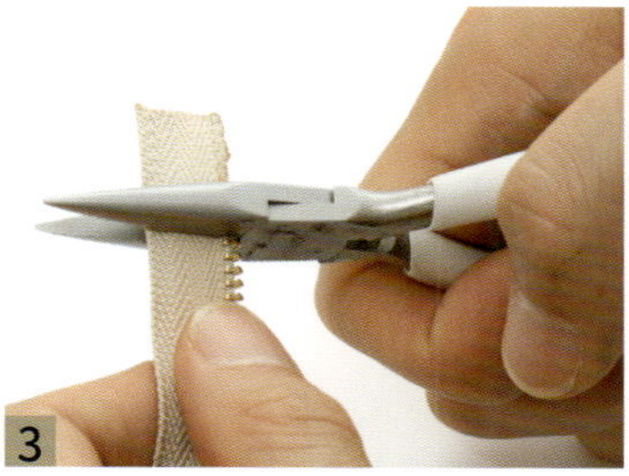

3
끝 바로 옆 이빨에 윗막음쇠를 끼우고 플라이어나 라디오펜치로 눌러 고정한다.

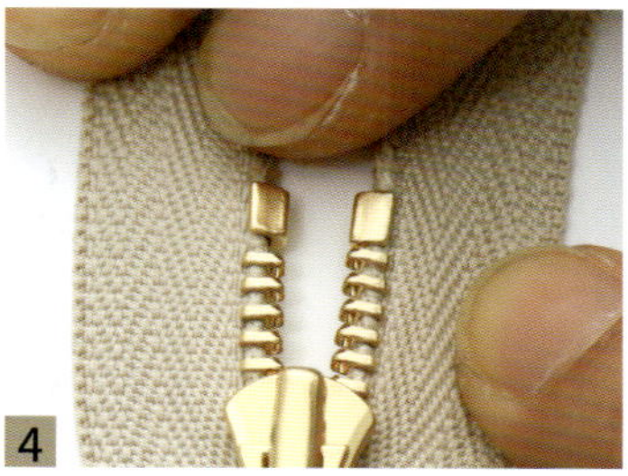

4
먼저 고정한 윗막음쇠와 동일한 높이로 반대쪽 윗막음쇠도 달고 고정한다.

5
양쪽 윗막음쇠를 달고 금속 망치로 두들겨 단단하게 고정한다.

기성 지퍼 길이 조절하기

윗막음쇠와 아랫막음쇠가 이미 달려져서 판매되는 기성 지퍼 길이를 바꾸는 방법을 소개한다. 이빨을 뺄 때 금속에 상처가 날 수 있으므로, 구입한 곳에서 예비 막음쇠를 추가 구입할 수 있는지 문의한다.

1
이미 달려 있는 막음쇠 사이에 커터 뒤 헤라 등을 끼워 틈을 벌린다.
틈이 크게 벌어지면 금속이 떨어져나온다.

2
만들고 싶은 길이 위치에 표시하고 이빨을 뺀다.

3
윗막음쇠와 아랫막음쇠를 단다. 금속이 벌어진 경우 확실히 고정되지 않으므로 신품을 사용하는 것이 낫다.

패 턴

이 책에서 만드는 방법을 설명하고 있는 아이템의 패턴입니다.
이 페이지의 사용법과 룰을 읽고 만들어 보세요.
모두 실사이즈 패턴이기 때문에 확대나 축소하지 않고
복사해서 그대로 사용하면 됩니다.

패턴 기재 룰

절취선
패턴을 자르는 선입니다. 오차를 줄이기 위해 되도록 선의 중심을 자르는 것이 좋습니다.

점
부품을 다는 위치나 붙이는 기준점 등을 표시하는 점입니다. 잘라낸 파츠에 패턴을 겹치고 중심을 원형송곳으로 가볍게 눌러서 가죽에 표시합니다.

보조선
다른 부품을 다는 위치나 조립 중간에 자르는 선 등 다양한 정보를 표시하고 있으므로, 패턴을 만들 때에는 자르지 않습니다.

홈
표시와 같은 V자형의 홈을 넣습니다. 파츠를 붙일 때, 이 표시를 맞추면 정확하게 조립할 수 있습니다. 홈은 조립한 다음에 감춰집니다.

잇는 선
좌우대칭의 큰 파츠는 이 선으로 분할했습니다. 반전해서 맞추면 원래 형태가 됩니다.

붙이는 위치 등
부품을 다는 범위, 고무 접착제를 바르는 범위 등 특정한 범위를 표시합니다.

패턴 사용법

STEP 1
복사한다

부품별로 복사합니다. 분할되어 있는 파츠는 필요한 장수만큼 복사해 붙여서 사용하세요. 잇는선이 중심에 있는 부품은 복사한 것을 뒤집어 좌우 대칭의 형태로 붙입니다.

STEP 2
두꺼운 종이에 붙인다

복사한 패턴을 절취선보다 조금 바깥으로 대충 자릅니다. 주름이 지지 않도록 주의하면서 두꺼운 종이에 붙입니다. 액체 본드는 종이가 우글거릴 수 있으므로 고형 본드나 고무 접착제를 사용합니다.

STEP 3
자른다

절취선대로 패턴을 자릅니다. 되도록 선 중심을 자르면서 정확하게 자릅니다. 체크 표시 위치는 미리 패턴에 V자 형태로 홈을 파면 편리합니다.

※ 분할된 파츠를 연결할 때는 직선 부분에 자를 대고 구부러지지 않도록 주의합니다.
※ 복사할 수 없는 경우는 각 부분의 길이를 측정하고 직접 종이에 도면을 옮겨 그립니다.

L자 지퍼[미니 지갑] P.30

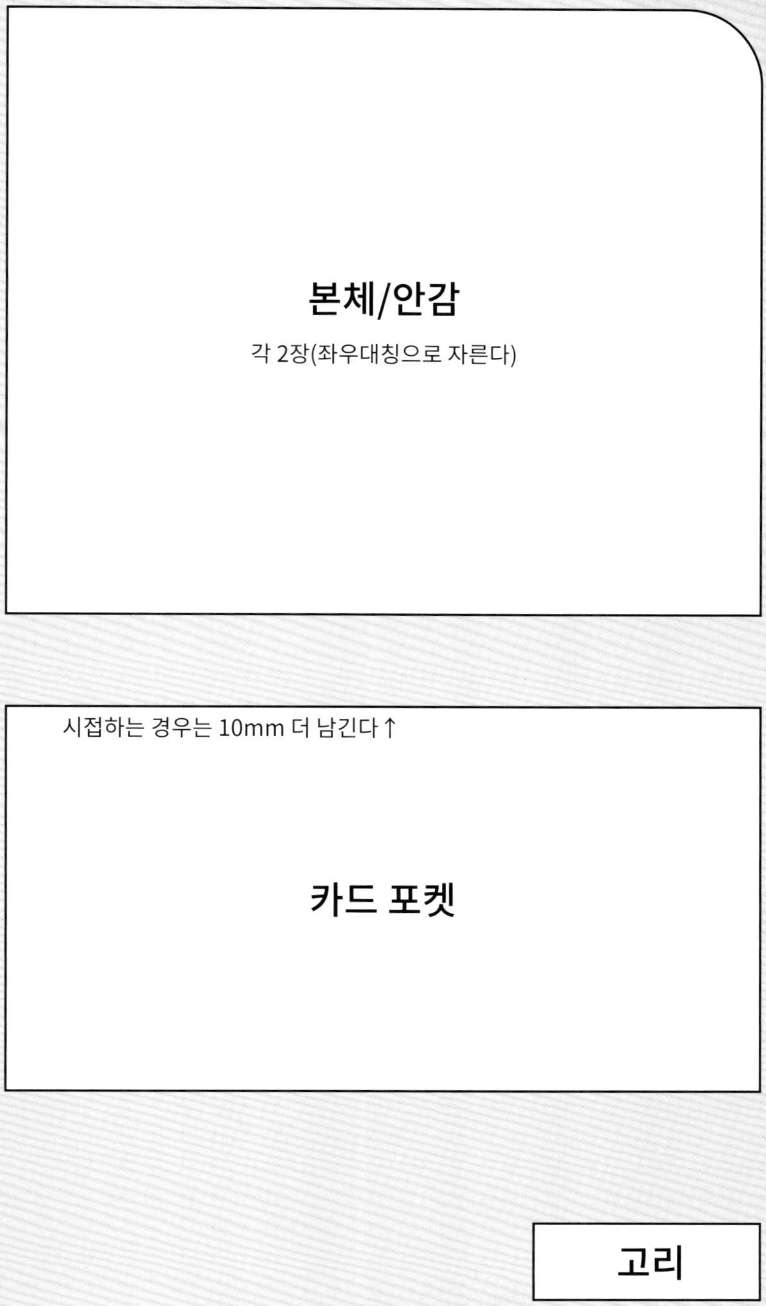

L자 지퍼 [미니 지갑]

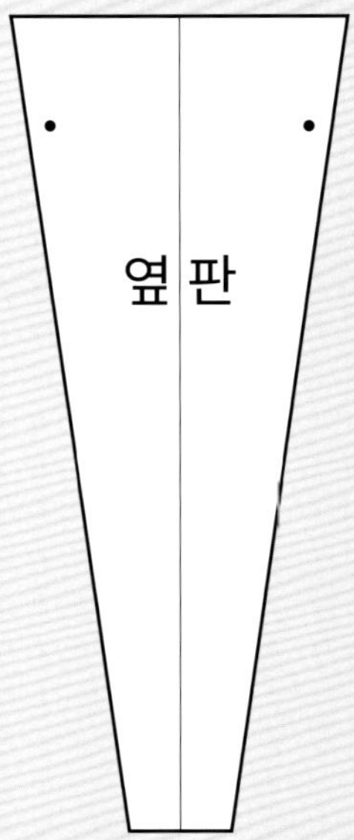

더블 라운드 지퍼 [키 케이스]

P.116

■내부 포켓............85×90mm의 직사각형

■키홀더 받침...47×97mm의 직사각형

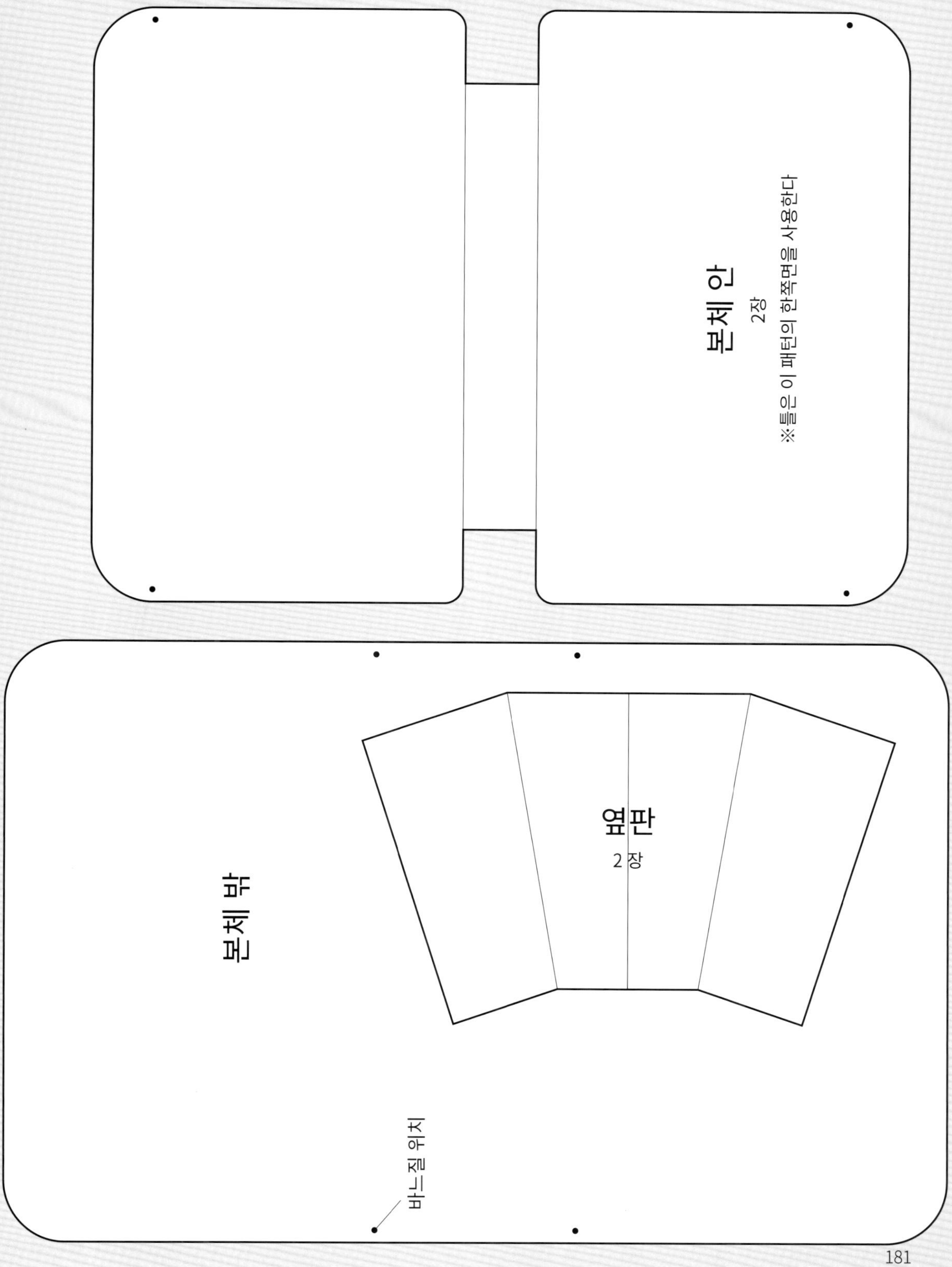

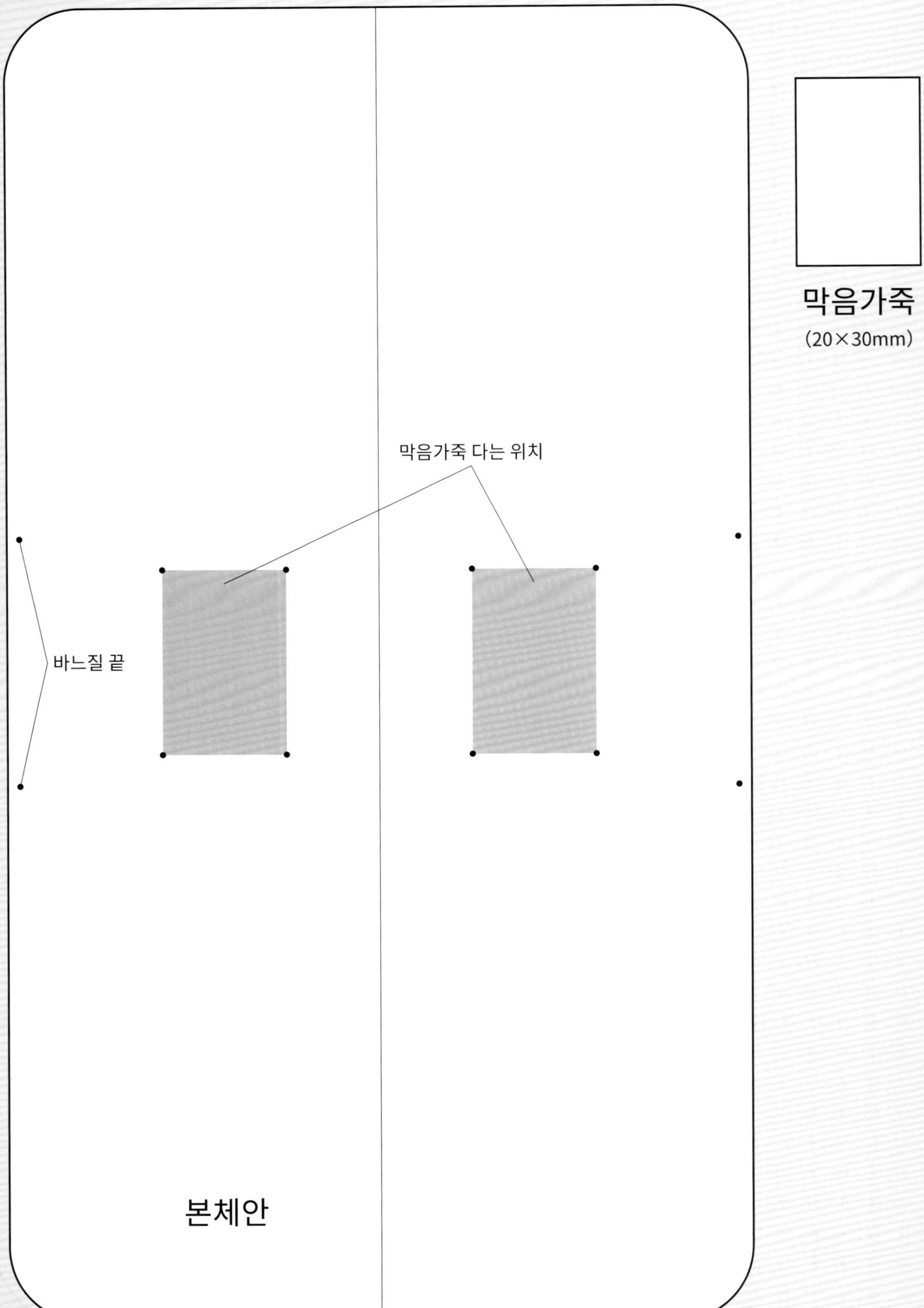
막음가죽
(20×30mm)
막음가죽 다는 위치
바느질 끝
본체안

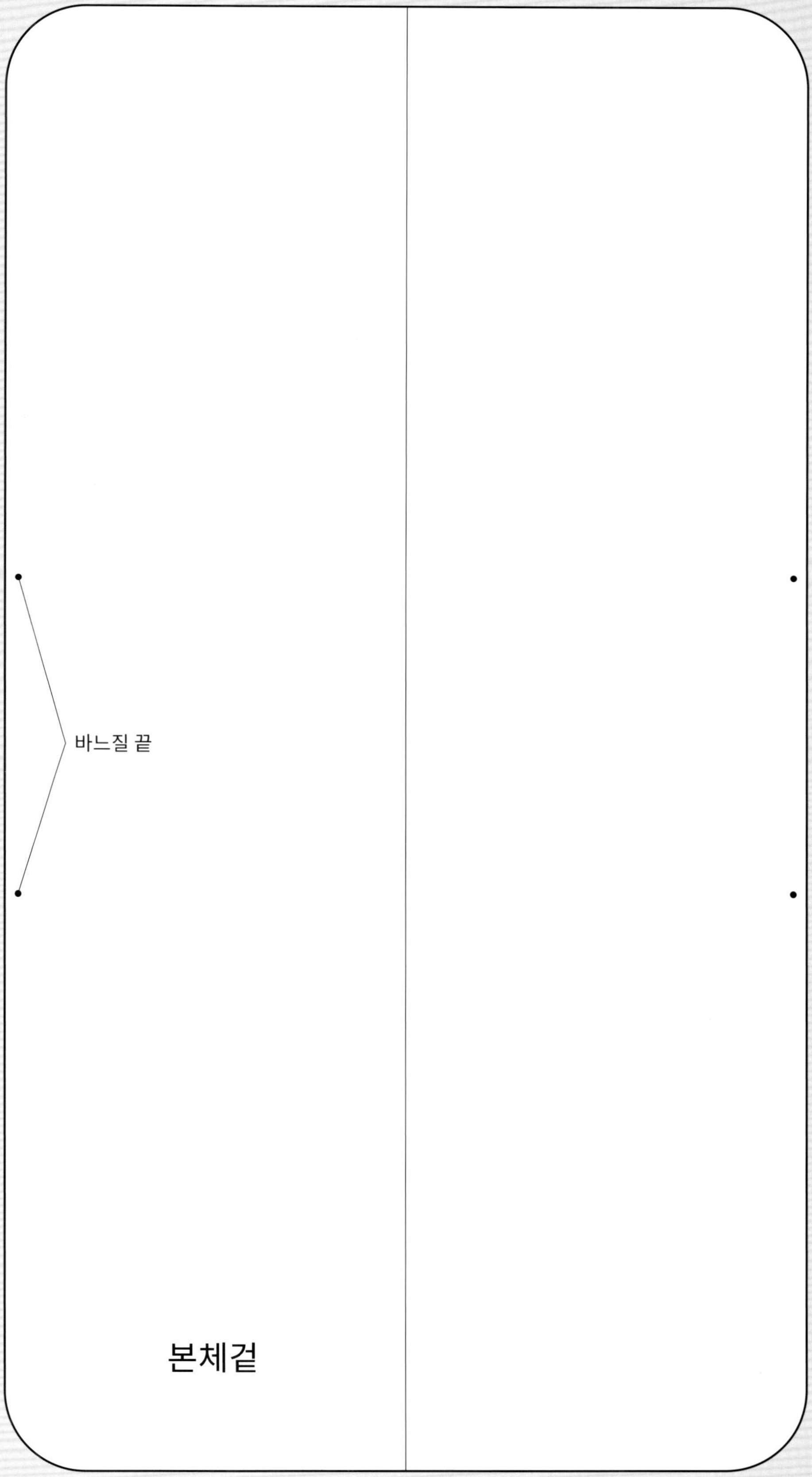
바느질 끝
본체겉

가죽지갑부터 가죽가방까지
지퍼로 만드는 가죽공예

2021년 5월 15일 초판 1쇄 발행

- 주 의 -

- 이 책은 장인들의 지식 및 작업, 기술을 바탕으로 독자에게 도움이 된다고 판단한 내용을 재구성하여 출판하였습니다. 스튜디오 태크 크리에이티브 및 취재원들은 작업의 결과나 안전성을 보장하지 않습니다. 또 소개된 공구와 재료는 현재 판매하지 않을 수 있습니다. 작업에서 발생한 물적 손해와 상해에 대해, 출판사에서는 일체의 책임을 지지 않습니다.
- 사용하는 도구가 다르거나 사용설명서와 다르게 사용했을 경우 작업 결과가 달라질 수 있으며 사고 등의 원인도 될 수 있습니다. 판매처에서 추천하는 방법이 아닌 다른 방법으로 작업할 경우 보증을 받지 못할 수 있습니다.
- 이 책은 2015년 11월 30일까지 정보를 바탕으로 편집했습니다. 책에 게재한 상품이나 서비스의 명칭, 사양, 가격 등은 제조 업체와 판매처에 따라 예고 없이 변경될 가능성이 있습니다.
- 사진이나 내용이 일부 실물과 다른 경우가 있습니다.
- 이 책에 소개된 작품의 저작권은 제작자 본인에게 귀속됩니다. 책에 기재된 정보는 재배포 및 상업적 용도로 사용을 금합니다.

[일본어판]
편집 도미타 신지
디자인 고지마 신야
사진 가지와라 다카시, 고미네 히데요, 시미즈 료타로

[한국어판]
번역 위크래프트
감수 박혜정 [베아트리체 공방]
편집 위크래프트, 정성학, 박관형

발행인 박관형
발행처 ㅁㅅㄴ(MSN publishing)
주소 [08271] 서울시 구로구 경인로20나길 30, 이좋은집 A508호
웹 http://msnp.kr
메일 mi-sonyeo@naver.com
FAX 0505-320-2033

ISBN 979-11-87939-58-0 16630